REALIEN ZUR LITERATUR

ABT. E:

POETIK

ELISABETH FRENZEL

# Stoff-, Motiv- und Symbolforschung

*4., durchgesehene und ergänzte Auflage*

MCMLXXVIII
J. B. METZLERSCHE VERLAGSBUCHHANDLUNG
STUTTGART

1. Aufl. ( 1.– 5. Tsd.) 1963
2. Aufl. ( 6.–10. Tsd.) 1966
3. Aufl. (11.–15. Tsd.) 1970
4. Aufl. (16.–20. Tsd.) 1978

CIP-Kurztitelaufnahme der Deutschen Bibliothek

**Frenzel, Elisabeth:**
Stoff-, Motiv- und Symbolforschung. –
4., durchges. u. erg. Aufl. – Stuttgart:
Metzler, 1978.
(Sammlung Metzler; M 28: Abt. E, Poetik)
ISBN 3-476-14028-9

ISBN 3 476 14028 9

M 28

 · Druck: Gulde-Druck, Tübingen
Printed in Germany

## Inhalt

## Abkürzungen

| | |
|---|---|
| AfnSpr. | Archiv für das Studium der neueren Sprachen und Literaturen |
| DLZ | Deutsche Literaturzeitung |
| DtPhil.i.A. | Deutsche Philologie im Aufriß |
| DVjs. | Deutsche Vierteljahrsschrift für Literaturwissenschaft u. Geistesgeschichte |
| Euph. | Euphorion |
| GRM | Germanisch-Romanische Monatsschrift |
| RL | Reallexikon der deutschen Literaturgeschichte |
| WA | Goethes Werke, Weimarer Ausgabe |
| ZfdA | Zeitschrift für deutsches Altertum |
| ZfDk. | Zeitschrift für Deutschkunde |
| ZfdPh. | Zeitschrift für deutsche Philologie |
| ZfdU | Zeitschrift für den deutschen Unterricht |

# Herkunft und Geschichte der Begriffe Stoff, Motiv, Symbol

Die drei literarhistorischen Fachwörter Stoff, Motiv und Symbol sind sämtlich aus anderen Sinnbezirken auf den dichterischen übertragen worden. Sie wurden zunächst recht unverbindlich für gewisse Bestandteile von Dichtungen angewandt und sind erst verhältnismäßig spät zu Spezialbegriffen geworden, deren Gebrauch jedoch noch immer schwankt. Die Bezeichnung Stoff im Sinne von Materie taucht schon in *Bodmers* »Critischer Abhandlung von dem Wunderbaren in der Poesie« (1740) auf und findet sich dann bei *Lessing*, *Herder* und anderen Autoren des 18. Jahrhunderts. Das Wort ist über ndld. ›stoffe‹ aus ital. ›stoffo‹ = Gewirk, Gewebe entlehnt. Eine Erweiterung seiner Bedeutung erfuhr es über die Verwendung in der Malerei im Sinne von Muster. ›Motiv‹ kam später in Gebrauch, und zwar nicht in dem sonst gültigen, aus dem Lateinischen übernommenen Sinn von ›Beweggrund‹, sondern mit dem in Frankreich ausgebildeten eines kennzeichnenden inhaltlichen Bestandteils vor allem der Malerei oder einer kleinsten melodischen Einheit musikalischer Formen; in dieser Bedeutung verwandte es *Goethe* am Ausgang des 18. Jahrhunderts wiederholt. Der Begriff ›Symbol‹ knüpft sich ursprünglich an ein Erkennungszeichen, durch das Getrennte sich wiedererkennen sollten, etwa die Tessera hospitalis, die Hälfte eines Würfels, Täfelchens, Rings oder einer Scherbe, die sich beim Wiederzusammentreffen des Gastes oder seiner Angehörigen mit dem Gastfreund an die von diesem einbehaltene andere Hälfte an- und zu einem Ganzen zusammenfügen ließ. Das Symbol ist also Teil eines Ganzen, zu dem ein zweiter ergänzender Teil hinzugefunden werden muß. In diesem Wiederfinden und Wiedererkennen, dem ›Zusammenfall‹ einer Sache mit dem statt ihrer stehenden Bruchstück, dem ›Zeichen‹, erfüllt sich das Wesen des Symbols. Noch die Übersetzungen ›Wahrzeichen‹, ›Kennzeichen‹ machen die Ambivalenz, den Verweisungscharakter deutlich, das Hindeuten auf etwas, das nicht unmittelbar vor Augen steht. Fachbezeichnung war das Wort ›Symbol‹ längst vor seiner literarischen Verwendung im theologischen Bezirk: Symbolik hieß hier die Lehre von der Bedeutung der christlichen Sinnbilder und des weiteren der kirchlichen Bekenntnisse. Die Übertragung auf den ästhetischen Bereich vollzog sich bei *Winckelmann* (»Versuch einer Allegorie besonders für die Kunst«, 1766), der jedoch die Worte Allegorie und Symbol gleichsetzte. Mit ihm beginnt auch die Wertschätzung des Symbolischen als einer künstlerischen Ausdrucksmöglichkeit, die der Rationalismus mit seinem gegen das Barock gerichteten Natürlichkeitsbegriff nicht erkennen konnte; noch *Lessing, Sulzer* und der junge *Herder* lehnten symbolische und allegorische Formen als überwunden ab, und ihre Haltung klingt noch in *Hegels* Ästhetik nach. Begriff und Wert des Symbols für die Literatur wurde dann in Äußerungen des reifen und späten *Goethe* (seit dem zusammen mit *Heinrich Meyer* geschriebenen Aufsatz »Über die Gegenstände der bildenden Kunst«, 1798/99) festgelegt; ihnen sind die ästhetischen Schriften des späten *Herder* und die von *Karl Philipp Moritz* an die Seite zu stellen. Etwa gleichzeitig schlug *Friedrich Creuzers* »Symbolik und Mythologie der alten Völker, besonders der Griechen« (1810/12) die Brücke zwischen der ästhetischen und der mythologisch-anthropologischen Auffassung des Symbols, die seither immer wieder beschritten worden ist. Die so seit dem Ausgang des 18. Jahrhunderts eingeführte ästhetische Deutung des Symbolbegriffs bestand neben seinem kultischen, philosophischen und mathematischen Sinn, der die literarische Verwendung immer wieder fruchtbar beeinflußte, aber in ihrer ästhetischen Eindeutigkeit auch erweichte und unsicher machte.

*Literatur:*

*Max Schlesinger:* Geschichte des Symbols, 1912.

*Bengt Algot Sørensen:* Symbol und Symbolismus in den ästhetischen Theorien des 18. Jhs und der deutschen Romantik, Kopenhagen 1963. (Umgreift die Zeit von Gottsched bis Solger.)

*Doris Starr:* Über den Begriff des Symbols in der deutschen Klassik und Romantik, 1964.

# *Stoff- und Motivgeschichte*

## *Literarkritische Ansätze – Volksliteraturforschung*

Die ersten deutschen Ansätze der Betrachtung von Stoff- und Motivgeschichte standen im Zeichen des Bemühens um literarische Wertmaßstäbe. Im Zuge seiner Revision der klassizistischen Dramaturgie und der Ersetzung der französischen Muster, vor allem durch englische, gelangte *Lessing* zu einer vergleichenden Methode, bei der er nicht nur die verschiedenartige Bewältigung der Charakterzeichnung durch die französischen Klassizisten und durch Shakespeare – etwa der von Liebesleidenschaft ergriffenen Helden in Voltaires »Zaïre« und Shakespeares »Romeo und Julia« – hervorhob, sondern auch die Verarbeitung eines Motivs – der Gespenstererscheinung in Voltaires »Semiramis« und Shakespeares »Hamlet« – und sogar die Gestaltung ganzer Stoffe – des Merope-Stoffes durch Maffei und durch Voltaire sowie des Essex-Stoffes durch Thomas Corneille, John Banks und einen spanischen Autor des 17. Jahrhunderts – gegeneinander abwog. In Lessings Gefolge stehen die gleichfalls auf Wertung zielenden Vergleiche, die *Schiller* mit der Euripideischen und der Goetheschen »Iphigenie« (»Über die Iphigenie auf Tauris«, 1789) und *A. W. Schlegel* mit der »Phädra« des Euripides und der des Racine (»Comparaison entre la Phèdre de Racine et celle d'Euripide«, 1807) vornahmen.

Die vergleichende Methode, die sich von den Grenzen der nationalen Literaturen nicht eingeengt fühlt, sondern durch die Überwindung dieser Grenzen einen ihrer reizvollen Aspekte erhält, ist das Rückgrat der Stoff- und Motivforschung geblieben. An sie konnte die sogenannte vergleichende Literaturwissenschaft am Ausgang des 19. Jahrhunderts wieder anknüpfen. Das wissenschaftliche Handwerkszeug jedoch, das aus der vergleichenden Literaturkritik eine wissenschaftliche Disziplin entstehen ließ und an die Stelle der Wertung eine wesentlich historisch ausgerichtete Erkenntnis der Genese des Kunstwerks setzte, wurde im Laufe des 19. Jahrhunderts durch die Volksliteraturforschung entwickelt.

Die Volksliteraturforschung, die, besonders in ihren Anfängen, ihr Hauptaugenmerk der Entstehung und dem Entwicklungsgang des oft bruchstückhaft und entstellt überlieferten

Literaturgutes zuwandte, wurde durch das Nebeneinander verschiedener Fassungen des gleichen Stoffes zum Vergleichen und zum Herstellen von Stammbäumen genötigt. Die *Brüder Grimm* entwickelten aus dem sich ihnen während ihres Hortens erschließenden Material die Vorstellung eines den indogermanischen Völkern gemeinsamen Urmythus, und ihre mustergültigen stoffgeschichtlichen Sammlungen und Untersuchungen wie die Jacob Grimms zur Tell-Sage (in Schlegels ›Museum‹ 1813) und die beider Brüder zum Dornröschen-Brünhilden-Stoff (Vorrede zu »Kinder- und Hausmärchen«, Bd 2, 1815) sowie zur Siegfried-Perseus-Fabel (Vorrede zu »Kinder- und Hausmärchen«, $^{2}$1819) dienten der Stützung dieser These. Die Ähnlichkeit der untersuchten Motive und ihr Auftauchen an weit auseinander liegenden Orten sowie bei verschiedenen Völkern galt als eine auf innerer Verwandtschaft und geistigen Gemeinsamkeiten dieser Völker beruhende ständige Wiedergeburt der gleichen Vorstellungen (Polygenese). Die den Brüdern Grimm folgenden Germanisten *Uhland, Müllenhoff, Friedrich Vogt* erweiterten deren Forschungsergebnisse durch so viele Motiv- und Stoff-Varianten, daß die Idee eines Urmythus schließlich kaum mehr aufrechterhalten werden konnte. So setzte sich die von dem Indologen *Theodor Benfey* vertretene Erklärung der Verbreitung und Wandlung von Sagen, Märchen und anderen volkstümlichen Erzählstoffen als Diffusion, d. h. einer durch Wanderung, Übernahme und Anpassung erfolgten Tradierung durch. Maßgebend wurden Benfeys Prinzipien vor allem für die Märchen-Forschung. Ihre bedeutendste Leistung in Deutschland sind die »Anmerkungen zu den Kinder- und Hausmärchen der Brüder Grimm« von *Johannes Bolte* und *Georg Polivka,* und als ihre wichtigste Auswirkung kann die historisch-geographische Methode der zu Beginn des 20. Jahrhunderts von *Kaarle Krohn* und *Antti Aarne* begründeten finnischen Märchenschule bezeichnet werden, deren ordnende und vergleichende Arbeit der Erstellung eines jeweiligen ›Archetypus‹ gilt, von dem die übrigen Varianten abstammen und dessen Wanderungen und lokal sowie historisch bedingte Abweichungen festgestellt werden sollen. Ein hervorragendes Dokument dieser Bemühungen sind *Stith Thompsons* »Motif-Index in Folk-Literature« und die in seinem Gefolge entstandenen Motiv-Indices.

Die Mängel dieses lediglich eine Handlungspartikel ohne Rücksicht auf deren movierende Fähigkeiten bezeichnenden Motivbegriffs der Volksliteraturforschung wurden mit dem Versuch des sowjetischen Wissenschaftlers *V. J. Propp* deutlich, der in seiner »Morphologie des Märchens« neben dem Motivbegriff einen neuen, auf den inneren Bau einer Handlung bezüglichen der ›Funktion‹ verwendete. Von ihm angeregt, hat die strukturalistische Richtung der Literaturwissenschaft den Terminus ›Motifem‹ geprägt. Unter der Motifem-Ebene versteht diese Richtung die der Motiv-Ebene zugrundeliegende, von den spezifischen Gegebenheiten eines Plots und seiner Ordnung abstrahierte Handlungskette gemäß ihrer natürlichen, an Kausalität und Chronologie gebundenen, also nicht-künstlerischen, Abfolge. Zu diesem Versuch ist kritisch angemerkt worden, daß ihm die historische Perspektive fehle und die diachronische Folge von Tatsachen durch ein Bündel synchronischer Beziehungen ersetzt werde.

*Literatur:*

*Johannes Bolte / Georg Polivka:* Anmerkungen zu den Kinder- und Hausmärchen der Brüder Grimm, 4 Bde, 1913–1932.

*Stith Thompson:* Motif-Index in Folk-Literature, 6 Bde, Kopenhagen [2]1955–1958. – *Dominic R. Rotunda:* Motifindex of the Italian Novella in Prose, Bloomington 1942. – *Inger M. Boberg:* Motif-Index of Early Icelandic Literature, Kopenhagen 1966.

*Vladimir Jakovlevič Propp:* Morfologia skazki, Leningrad 1928; deutsch: Morphologie des Märchens, 1972. – *Alan Dundes,* From Etic to Emic Units in the Structural Study of Folktales, in: Journal of American Folklore 75, 1962, S. 95–105. – *Lubomir Doležel:* From Motifemes to Motifs, in: Poetics 4, 1972, S. 55–90.

## *Die Scherer-Schule – Diltheys Motivenlehre und die vergleichende Literaturwissenschaft*

Einer literaturwissenschaftlichen Methode der Stoff- und Motivforschung konnte nicht so sehr an der Erstellung des am Anfang Gewesenen als an der Aufdeckung der Wachstumsbedingungen des im Laufe der Zeit Gewordenen gelegen sein. Sie mußte die von der Literaturkritik als Hauptziel verfolgte Wertung der künstlerischen Persönlichkeit und des individuellen Kunstwerks in ihren Gesichtskreis einbeziehen, konnte aber von der Volksliteraturforschung den Blick für die historischen und geographischen Bedingungen, sowie für die oft anonymen Grundlagen, auf denen die Einzelleistung erwächst und von der sie sich abhebt, übernehmen. Mit der Mündigwerdung der Literaturwissenschaft, die sich im wesentlichen durch *Wilhelm Scherer* und seine Schule vollzog, war diese Vereinigung der Gesichtspunkte erreicht. Das besondere Kennzeichen jener Epoche, die die Stoff- und Motivforschung zugleich förderte und auch einengte, war bekanntlich das durch den Wettstreit mit der Naturwissenschaft ausgelöste Streben der Geisteswissenschaften nach exakten Ergebnissen und die davon beeinflußte Frage Scherers nach dem Erlebten, Erlernten und Ererbten bei einem dichterischen Werk. Nachdem im dritten Viertel des 19. Jahrhunderts nur von der Bibliographie her, durch *J. G. Theodor Grässe* und *Hermann Kurz*, Vorstöße in das Gebiet der Stoffgeschichte gemacht worden waren, entwickelte sie sich seit den achtziger Jahren zu außerordentlicher Bedeutung und zu einer Hauptleistung der Scherer-Schule. Die genaue Feststellung von Ähnlichkeiten und Übernahmen kleinster Züge lenkte das Augenmerk besonders auf das Motiv, diese kleinere Einheit eines stofflichen Gefüges. Eine beispielhafte Arbeit ist, trotz der unpräzisen Anwendung des Begriffes Motiv, die Dissertation *Otto Brahms*, des späteren Theaterleiters und Förderers des Naturalismus, über das Ritterdrama.

Von größerem Wert als die naturwissenschaftlich orientierten Bemerkungen Scherers zum Thema Stoff und Motiv in seiner nachgelassenen »Poetik« waren die als bloße ›Bausteine zu einer Poetik‹ bezeichneten Anregungen zu einer ›Motivenlehre‹, die der Kulturphilosoph *Wilhelm Dilthey* etwa gleichzeitig entwickelte. Diese Motivenlehre sollte weniger der kausalgenetischen Erklärung eines Kunstwerks als der psychologischen Analyse des Dichters sowie der Erkenntnis der dichterischen Technik dienen, und die Entwicklung von Motiven darzustellen wurde nicht als Aufgabe der Literaturgeschichtsschreibung, sondern der vergleichenden Literaturwissenschaft gesehen. Dilthey erstrebte also teilweise schon eine poetologische Zielsetzung der Stoff- und Motivforschung. Dennoch kamen die damals entstandenen Untersuchungen, die im Zeichen einer die gegenseitigen Beeinflussungen der Nationalliteraturen erforschenden vergleichenden Literaturwissenschaft standen und von der Schererschen Methode geleitet waren, selten über die bloße Registrierung von Verwandtschaften und Abhängigkeiten hinaus. Allerdings erbrachten die von *Max Koch* angeregten und herausgegebenen Arbeiten sowie viele anglistische und romanistische Arbeiten in den Bänden des ›Archivs für das Studium der neueren Sprachen und Literaturen‹ durch ihre Gründlichkeit, die sicher gehandhabte Technik des Vergleichens, die wirklich breite Kenntnis der Originale und der literarischen Zusammenhänge oft ein so gut gesichtetes Material, daß es nicht allzu schwer fällt, aus ihm die notwendigen geistesgeschichtlichen und literarästhetischen Schlüsse zu ziehen. Zu der Materialaufarbeitung jener Epoche gehören auch die bibliographischen Zusammenstellungen von *Louis-Paul Betz* und *Arthur L. Jellinek.*

*Literatur:*

*Wilhelm Scherer:* Poetik, 1888, S. 208–211.

*Otto Brahm:* Das deutsche Ritterdrama, 1888.

*Wilhelm Dilthey:* Die Einbildungskraft des Dichters. Bausteine für eine Poetik, in: Philosophische Aufsätze, Ed. Zeller zu s. 50. Doktorjubiläum, 1887, S. 449.

*Louis-Paul Betz:* Studien zur vergleichenden Litteraturgeschichte der neueren Zeit, 1902.

*Publikationsorgane:* Zeitschrift für vergleichende Literaturgeschichte, 1886–1901, hrsg. v. Max Koch; 1904–1910 v. W. Wetz u. Collin. – Studien zur vergleichenden Literaturgeschichte, hrsg. v. Max Koch, 1901–1909. – Breslauer Beiträge zur neueren Literaturgeschichte, hrsg. v. Max Koch, 1904–1919 u. 1922.

*Bibliographien: J. G. Theodor Grässe:* Lehrbuch der allgemeinen Literaturgeschichte aller bekannten Völker der Welt, 1859; Registerband, unter »Materien und Gegenstände«. – *Hermann Kurz:* Geschichte der deutschen Literatur, ²1873, Bd 4, unter »Überblick über die dramatische Literatur des 19. Jahrhunderts nach stoffgeschichtlichen Gesichtspunkten«. – *Louis-Paul Betz:* Littérature comparée. Essai bibliographique, 1900; 2ᵉ éd. augmentée, publiée par Fernand Baldensperger, 1904, Kap. 16. – *Arthur L. Jellinek:* Bibliographie der vergleichenden Literaturgeschichte, 1903.

## *Abwertung der Stoff- und Motivgeschichte durch die geistesgeschichtliche Methode*

Der in dem ersten Viertel des 20. Jahrhunderts bestimmenden geistesgeschichtlichen Richtung der Literaturwissenschaft mußte die stoffgeschichtliche Forschung alten Stils als unergiebig und einseitig positivistisch erscheinen. Schon in den letzten Jahren vor dem ersten Weltkrieg stellten die von *Max Koch* herausgegebenen Publikationsorgane der vergleichenden Literaturwissenschaft ihr Erscheinen ein. Die von Scherer so nachdrücklich betonte Quellenfrage galt nunmehr als zweitrangig, der Stoff als das »zufälligste Element des Kunstwerkes« *(Oskar Walzel)* und Stoffgeschichte allenfalls als Mittel zum Zweck einer Stützung geistes- und ideengeschichtlicher Zusammenhänge. Ein Musterbeispiel so orientierter Stoffgeschichte ist *Friedrich Gundolfs* Buch über Cäsar (1924), das im Vergleich mit der Keimzelle, Gundolfs Dissertation von 1904 (»Cäsar in der deutschen Literatur«), zugleich die Entwicklung und Emanzipierung der neuen Richtung deutlich werden läßt. Im übrigen sanken stoffgeschichtliche Aufgaben in diesen Jahren tatsächlich zu Fleiß- und Anfängerübungen herab.

Auf der anderen Seite näherte sich jedoch die Forschung mit *Rudolf Ungers* »Literaturgeschichte als Problemgeschichte« (1924) auf dem Umweg über den Begriff ›Problem‹, der im Bezirk des Geistigen dem Begriff ›Motiv‹ im Bezirk des Stofflichen vergleichbar ist, einer neuen Möglichkeit der Stoffgeschichte, die dem Motiv als dem vergleichsweise stärker entstofflichten Kern des Stoffkomplexes nach dem noch immer gültigen Vorbild Diltheys ihre Hauptaufmerksamkeit zuwandte. So gehen auch in dem für jene Phase bezeichnenden Versuch *Julius Wiegands* einer »Geschichte der deutschen Dichtung in strenger Systematik, nach Gedanken, Stoffen, Formen, in fortgesetzten Längs- und Querschnitten« (1922) die Begriffe Problem und Motiv durcheinander, und seine Methode der »Motivzerfaserung« trieb die Atomisierung der künstlerischen Einheit zugunsten geistes- und formengeschichtlicher Zusammenhänge bis zum Äußersten. Einen neuen Ansatzpunkt bildete dann die Interpretation des Motivbegriffes im Sinne von Sigmund Freuds psychoanalytischen Theorien, die *Josef Körner* vornahm; er machte damit die Motivforschung in erster Linie der Erforschung der dichterischen Psyche dienstbar.

Noch am Ende der zwanziger Jahre war jedoch die geistesgeschichtliche Richtung maßgebend, auch für den Neuansatz zu stoffgeschichtlicher Forschung in der von *Paul Merker* herausgegebenen Reihe »Stoff- und Motivgeschichte der deutschen Literatur«, in deren Bänden die Bearbeiter eines Stoffes als die jeweils typischen Vertreter allgemeiner Geschmacks- und Stiltendenzen herausgearbeitet werden sollten, und für das von *Julius Petersen* in dem wichtigen Aufsatz »Nationale oder vergleichende Literaturgeschichte?« geforderte Stofflexikon der Weltliteratur, das für »jeden Stoff und jedes Motiv die dichterischen Bearbeitungen zusammenstellt und ihre zeitliche wie nationale Frequenz und Dynamik vergleichend und geistesgeschichtlich auswerten läßt«. Allerdings werden innerhalb dieses geistesgeschichtlichen Konzepts in die Zukunft weisende Ansätze deutlich, wenn Petersen mit einer Wendung gegen die Einflußtheorie von der »Gesetzmäßigkeit des schicksalsverbundenen parallelen Entwicklungsganges« spricht. Zum gleichen Zeitpunkt hat der Altgermanist *de Boor* einen ähnlichen Schritt weg von der positivistischen wie auch der geistesgeschichtlichen

Route getan, als er an der von Petersen noch als beispielhaft hingestellten finnischen Märchenschule die Ausrichtung auf die stofflichen Einzelteile kritisierte, statt deren er eine »auf das Wesen gerichtete Bemühung« forderte und die Frage nach der Funktion der Motive in den einzelnen Gattungen aufwarf.

Die gleiche Kritik an der positivistischen Richtung vertraten in Frankreich in den zwanziger Jahren die an der Sorbonne lehrenden Komparatisten F. Baldensperger, P. Hazard und P. van Tieghem mit der seit 1921 erscheinenden Zeitschrift »Revue de littérature comparée«.

*Literatur:*

*Zum Grundsätzlichen: Ernst Elster:* Weltliteratur und Literaturvergleichung, in: AfnSpr. 107, 1901, S. 33–47. – *Benedetto Croce:* La letteratura comparata, in: La critica I, 1903, S. 77–81; II, 1904, S. 483 ff. – *Rudolf Unger:* Literaturgeschichte als Problemgeschichte, 1924. – *Josef Körner:* Erlebnis-Motiv-Stoff, in: Vom Geiste neuer Literaturforschung, Festschr. f. O. Walzel, 1924, S. 80 bis 90; vgl. auch Artikel ›Motiv‹ in: RL II, 1926/28, S. 412–415. – *Oskar Walzel:* Das Wortkunstwerk, 1926, S. 21. – *Julius Petersen:* Nationale oder vergleichende Literaturgeschichte?, in: DVjs. 6, 1928, S. 59 f. – *Helmut de Boor:* Märchenforschung, in: ZfDk. 42, 1928, S. 561–581.

*Typische Untersuchungen: Friedrich Gundolf:* Cäsar, Geschichte seines Ruhms, 1924. – *Julius Wiegand:* Geschichte der deutschen Dichtung in strenger Systematik, nach Gedanken, Stoffen und Formen, in fortgesetzten Längs- und Querschnitten, 1922. – Stoff- und Motivgeschichte der deutschen Literatur, hrsg. v. *Paul Merker* u. *Gerh. Lüdtke,* Bd. 1–16, 1929–1937. – *Hans Pyritz:* Paul Flemings deutsche Liebeslyrik, 1932.

## *Neuorientierung der Stoff- und Motivgeschichte in der modernen Poetik*

Seit den vierziger Jahren setzte sich in der allgemeinen Literaturwissenschaft eine Orientierung auf die Poetik hin durch, die in Deutschland an den einschlägigen Werken J. Petersens, R. Petschs und W. Kaysers erkennbar ist, dann mit *Wellek/Warrens* »Theory of Literature« und dem New Criticism internationale Breitenwirkung erhielt. Der neuen Ästhetik erschien die noch immer an Stoffhuberei gemahnende Stoff- und Motivgeschichte als drittrangig, so daß ihr *Kayser* den Vorwurf machte, in ihr werde die Schöpfung des Dichters nicht als geschlossenes Kunstwerk sichtbar, und *Wellek* in ihr, als er sich 1953 scharf gegen die in seinen Augen rückständige Pariser Schule wandte, »the least literary of histories« sah.

Ohne spezifischen Beitrag zur Stoff- und Motivgeschichte, jedoch mit Distanz gegenüber der französischen sowohl wie der amerikanischen vergleichenden Literaturwissenschaft, bringt die osteuropäische Komparatistik das von ihrem Begründer *A. N. Veselovskij* vertretene Prinzip der ›entgegenkommenden Strömung‹ in die Vergleichsmethode ein, das, wie oben zitiert, auch bei Petersen auftaucht und auf das sich vor allem das Phänomen der ›spontanen Entstehung‹ gründet, und betont statt der Traditionen und Konstanten in der Literatur mehr die Evolution, das von Nationen und Individuen geleistete Neue. Diese Richtung wird vor allem von dem als Epenforscher hervorragenden *V. Žirmunskij* vertreten.

Im deutschsprachigen Raum ist die neuerdings erfolgte Durchdringung der Stoff- und Motivgeschichte mit poetologischen Zielsetzungen an den Arbeiten des Märchenforschers *M. Lüthi*, der Studie über Motivreim von *H. Stolte*, den Arbeiten *W. Pabsts* und *H. Brunners* Buch über die poetische Insel abzulesen. Die durch *E. R. Curtius* in Gang gesetzte Toposforschung hat die Aufmerksamkeit auf die Tradierung auch kleiner Stoffteilchen gelenkt und die Motivforschung befruchtet. Seit etwa 1960 ist eine zunehmende, vor allem theoretische Beschäftigung mit dem Forschungszweig zu verzeichnen. Mit der Absicht, Petersens einstiger Forderung Genüge zu tun, wurde ein kleines Handbuch »Stoffe der Weltliteratur« zusammengestellt, dem anderthalb Jahrzehnte später »Motive der Weltliteratur« folgen konnten. Es erschienen mehrere hauptsächlich für den Studenten gedachte Leitfäden und Forschungsberichte sowie eine Neubearbeitung der Bauerhorstschen Bibliographie. Das Erscheinen einer spanischen Ausgabe der »Stoffe der Weltliteratur« sowie die Planung einer Übersetzung auch des Motiv-Bandes ins Spanische zeigten an, daß von der deutschen Stoff- und Motivforschung erneut Impulse ausgehen, denen sich der Einsatz des Belgiers *R. Trousson* an die Seite stellt, der seine theoretischen Ausführungen auf eine musterhaft vollständige Untersuchung des Prometheus-Stoffes stützen konnte. Das Ansehen des Forschungszweiges wurde außerdem sehr durch die Parteinahme *H. Levins* gehoben, der sogar im Lager des New Criticism eine Lanze für die Stoff- und Motivforschung brach.

Neue in- und ausländische Leitfäden und Zusammenfassungen über vergleichende Literaturwissenschaft haben dem Forschungszweig zunehmend Platz eingeräumt. Wenn noch 1962

*H. Rüdiger* mit der Ansicht, daß Stoff- und Motivgeschichte zwar ein »unentbehrliches Hilfsmittel der Forschung«, aber wegen ihrer mangelnden geistigen Durchdringung des Stoffes und ihrer Einflußbezogenheit zu tadeln sei, sich Welleks Kritik anschloß, so gehören dergleichen Kriterien nach den neueren Erörterungen von *Pichois / Rousseau, S. Jeune, U. Weisstein, S. S. Prawer, F. Jost, G. P. Knapp* der Vergangenheit an. Eine Diskussion über die terminologischen Schwierigkeiten, die sich aus den Differenzen ergibt, denen der Begriff Thema, theme, thème in den verschiedenen Sprachen unterliegt, und bei der von deutscher Seite der Vorschlag gemacht wurde, auch in der deutschen Forschung statt ›Stoff- und Motivgeschichte‹ den Terminus ›Thematologie‹ einzuführen, ist – vorläufig wenigstens – mit dem Protest englischsprachiger Forscher gegen diese Neuerung beendet worden. Der Terminus ›Stoffgeschichte‹ wird im Ausland als Fremdwort gebraucht und als »more solid and less pretencious« (H. Levin) empfunden. Der an der Universität von Illinois lehrende *François Jost* hat seinem Buch eine Tabelle mit den deutschen Termini, neben die er die englischen und französischen setzte, eingefügt und plädiert für Einführung bzw. Beibehaltung der deutschen Nomenklatur, die er selbst ausschließlich oder unter Zufügung der englischen gebraucht.

Die Akademie der Wissenschaften in Göttingen gründete 1977 eine Kommission für literaturwissenschaftliche Motiv- und Themenforschung.

Der Motivvergleich wurde im Zeichen der modernen Interpretationskunst inzwischen für den Schulbetrieb fruchtbar gemacht, wie das Erscheinen eines Unterrichtsbuches mit 100 Gedichten, von denen je zwei oder mehr motivgleich sind, und eines dazugehörigen Anleitungsbandes für den Lehrer beweist. Er lieferte sogar Themen für die Schallplattenindustrie; in einer »Klingenden Anthologie« deutscher Dichtung gibt es neben anderen Reihen auch eine Reihe »Motivgeschichte«. Für das Universitätsstudium geschaffene Anthologien sind gleichfalls oft nach Motiven angeordnet.

*Literatur:*

*Zum Grundsätzlichen:*

*Robert Petsch:* Deutsche Literaturwissenschaft, 1940, S. 87–99, 129 bis 150.

*Julius Petersen:* Die Wissenschaft von der Dichtung, ²1944, S. 110 ff.

*René Wellek / Austin Warren:* Theory of Literature, New York 1949; deutsch: Theorie der Literatur, 1959, zuletzt 1972. – *René*

*Wellek*, The Theory of Comparative Literature, in: Yearbook of Comparative and General Literature 2, 1953, S. 1–5.

*Horst Rüdiger:* Nationalliteraturen und europäische Literatur. Methoden und Ziele der vergleichenden Literaturwissenschaft, in: Schweizer Monatshefte 42 (1962), S. 195–211.

*Wolfgang Kayser:* Das sprachl. Kunstwerk, $^{7}$1962, S. 55–81; $^{14}$1969.

*Ernst Robert Curtius:* Europäische Literatur und lateinisches Mittelalter, $^{7}$1969.

*Walter Veit:* Toposforschung. Ein Forschungsbericht, in: DVjs. 37, 1963, S. 120–163. – *Ders.:* ›Topics‹ in Comparative Literature, in: Jadavpur Journal of Comparative Literature 5, 1966, S. 39–55.

*Peter Jehn* [Hrsg.]: Toposforschung. Eine Dokumentation, 1972.

*Elisabeth Frenzel:* Stoff- und Motivgeschichte, in: DtPhil.i.A., $^{2}$1957, Bd 1, Sp. 281–332. – *Dies.:* Stoff- und Motivgeschichte, 1966, $^{2}$1974, und *dies.:* Stoff, Stoff- und Motivgeschichte, in: RL IV, $^{2}$seit 1978.

*Raymond Trousson:* Plaidoyer pour la Stoffgeschichte, in: Revue de littérature comparée, XXXVIII, 1, 1963, S. 101–114. – *Ders.:* Un problème de littérature comparée: les études de thèmes, essai de méthodologie. Paris 1965.

*Viktor Žirmunskij:* Die literarischen Strömungen als internationale Phänomene, in: Actes de Littérature Comparée, Belgrad 1967/Amsterdam 1969, S. 3–21.

*Dionýz Durisin:* Problemy literárnej komparatistiky, Bratislava 1967, dt. vertiefte und erweiterte Fassung als: Vergleichende Literaturforschung, Berlin 1972.

*Claude Pichois / André-M. Rousseau:* La Littérature comparée, Paris 1967, deutsch 1971.

*Harry Levin:* Thematics and Criticism, in: The Disciplines of Criticism, ed. by P. Demetz, Th. Greene, L. Nelson, New Haven u. London 1968, S. 125–145. – *Ders.:* Comparing the Literature, in: Yearbook of Comparative and General Literature 17, 1968, S. 5 bis 16. – *Ders.:* Motif, in: *Philip P. Wiener* [Hrsg.]: Dictionary of the History of Ideas III, New York 1973, S. 235–244.

*Ulrich Weisstein:* Einführung in die vergleichende Literaturwissenschaft, 1968.

*Simon Jeune:* Littérature générale et littérature comparée, Paris 1968.

*Manfred Beller:* Von der Stoffgeschichte zur Thematologie, in: Arcadia 5, 1970, S. 1–38.

*Adam John Bisanz:* Zwischen Stoffgeschichte und Thematologie. Betrachtungen zu einem literarhistorischen Dilemma, in: DVjs. 47, 1973, S. 148–166.

*Siegbert S. Prawer:* Comparative Literary Studies, London 1973.

*Gerhard P. Knapp:* Stoff – Motiv – Idee, in: *Heinz Ludwig Arnold / Volker Sinemus* [Hrsg.]: Grundzüge der Literatur- und Sprachwissenschaft I, 1973, S. 200–207.

*François Jost:* Introduction to Comparative Literature, Indianapolis u. New York 1974.

*Typische Untersuchungen:*

Stoff- und Motivgeschichte der deutschen Literatur, hrsg. v. Paul Merker u. Gerh. Lüdtke, Bd 1–16, 1929–1937.

*Hans Pyritz:* Paul Flemings deutsche Liebeslyrik, 1932.

*Heinz Stolte:* Eilhart und Gottfried. Studie über Motivreim u. Aufbaustil, 1941.

*Walter Pabst:* Venus und die mißverstandene Dido, 1955.

*Max Lüthi:* Das europäische Volksmärchen, ²1960.

*Rainer Gruenter:* Das ›wunnecliche tal‹, in: Euph. 55, 1961, S. 341 bis 404. – *Ders.:* Bemerkungen zum Problem des Allegorischen in der deutschen ›Minneallegorie‹, in: Euph. 51, 1957, S. 2–22.

*Horst Brunner:* Die poetische Insel. Inseln und Inselvorstellungen in der deutschen Literatur, 1967.

*Lexikographische Erfassung:*

*Erwin Heinzel:* Lexikon historischer Ereignisse und Personen in Kunst, Literatur und Musik, Wien 1956. – *Ders.:* Lexikon der Kulturgeschichte in Literatur, Kunst und Musik, Wien 1962.

*Elisabeth Frenzel:* Stoffe der Weltliteratur. Ein Lexikon dichtungsgeschichtlicher Längsschnitte, 1962, ⁴1976; spanisch: Diccionario de argumentos de la literatura universal, Madrid 1976. – *Dies.:* Motive der Weltliteratur, 1976.

*Lehrmaterial:*

*Martin Sommerfeld:* Deutsche Barocklyrik, nach Motiven ausgewählt u. geordnet, 1929. – *Erich Hock:* Motivgleiche Gedichte. Dazu ein Lehrerband mit Anleitung, 1953. – *Josef Körner:* Wortkunst ohne Namen. Übungstexte zu Gehalt-, Motiv- und Formanalyse, H. 1, ²1954. – *Brigitte Neske:* Das Mondbuch. Der Mond in der deutschen Dichtung. Gedichte und Prosa, ausgewählt und eingeleitet, 1958. – *Alfred Anger:* Dichtung des Rokoko, nach Motiven geordnet, 1958. – *Rolf Neuhoff:* Motivgleiche Prosa, 1963.

Theater der Jahrhunderte. Eine Motivreihe, 1963 ff. (Bände über Amphitryon, Elektra, Antigone, Iphigenie, Die hl. Johanna usw.)

*Publikationsorgane:*

Arcadia. Zs. f. vergleichende Literaturwissenschaft, hrsg. v. *Horst Rüdiger,* in Verbindung mit *Roger Bauer, Erik Lunding, Oskar Seidlin,* 1966 ff.

*Bibliographien:*

*Kurt Bauerhorst:* Bibliographie zur Stoff- und Motivgeschichte, 1932; vgl. unten bei Fr. A. Schmitt.

*Josef Körner:* Bibliographisches Handbuch des deutschen Schrifttums, 1949.

*Arthur Luther:* Deutsches Land in deutscher Erzählung. Ein literarisches Ortslexikon, ²1937. – *Ders.:* Deutsche Geschichte in deutscher

Erzählung. Ein literarisches Lexikon, 1940. – Jetzt gemeinsam »gänzlich verändert und ergänzt« als: *Arthur Luther / Heinz Friesenhahn:* Land und Leute in dt. Erzählung, 1954.

*Franz Anselm Schmitt:* Beruf und Arbeit in deutscher Erzählung, 1952; *ders.:* Stoff- und Motivgeschichte der deutschen Literatur, 1959, $^{3}$1976; vgl. *ders.:* Stoff und Motiv in der deutschen Literatur. Gedanken zu einer neuen Bibliographie, in: Festschrift Joris Vorstius, 1954, S. 110–117. – [F. A. Schmitts Bibliographie »Stoff- und Motivgesch. d. dt. Literatur« ist eine unter etwas veränderten Prinzipien erfolgte Erneuerung und Weiterführung der Bibliographie Bauerhorsts; vgl. Rez. in: Euph. 54, 1960, S. 220 bis 222 *(R. Alewyn)* u. Euph. 56, 1962, S. 216–218.]

*Fernand Baldensperger / Werner Paul Friederich:* Bibliography of comparative Literature, Chapel Hill, N.C., USA 1950. Als Fortsetzung dazu die Bibliographie in: Yearbook of Comparative and General Literature, ebda 1952 ff. Als Vorarbeit und Fortsetzung sind auch die viermal jährlich erscheinenden bibliographischen Anhänge der ›Revue de littérature comparée‹, hrsg. v. F. Baldensperger und P. Hazard, Paris 1921 ff., besonders die Rubrik »Thèmes et types«, heranzuziehen.

Vgl. auch die bibliographischen Angaben unter den einzelnen Artikeln in: *Elisabeth Frenzel:* Stoffe der Weltliteratur, $^{4}$1976.

## *Symbolforschung*

### *Christliche Symbolkunde – Ästhetische Begriffsauslotung – Romantische Mythusforschung – Philosophische Ausweitung des Begriffs Symbol*

Die Geschichte der Erforschung des literarischen Symbols ist von der des Symbols als solchem nicht zu trennen. Man könnte sie mit den frühesten Zusammenstellungen der christlichen Zeichensprache ansetzen, die schon den Theologen des Mittelalters notwendig schienen und die noch heute den Schlüssel zur Deutung früher christlicher Kunst und Dichtung bilden. Charakteristische Beispiele sind *Wilhelm Durandus'* (gest. 1296) »Rationale divinorum officiorum«, das die gesamte Gottesdienstordnung einschließlich der Gebäude und der Zeitrechnung als symbolische Handlungen und Formen interpretierte, oder das Buch »ἑρμηνεία τῶν ζωγράφων« des Mönches Dionysius von der Insel Athos, das Adolphe Napoléon Didron 1845 unter dem Titel »Manuel d'iconographie chrétienne grecque et latine« ins Französische übersetzte. Auch dem Barock war die Notwendigkeit einer Kommentierung des in Gebrauch befindlichen weitverzweigten Symbol- und Emblemschatzes bewußt, und der Jesuit *Athanasius Kirchner* konnte von einer »Disciplina symbolica« (»Oedipus Aegyptiacus«, 1652) sprechen. Bei der Zusammenstellung der christlichen Symbolik handelte es sich jedoch lediglich um die Registrierung überkommenen und festgelegten, eine selbständige Deutung nicht zulassenden Symbolgutes. Auf das Gebiet echter Forscher- und Deutertätigkeit gelangte man erst, als man das Symbolische auch in den nichtchristlichen Kulten erkannte. Als erster interpretierte der Franzose *Charles-François Dupuis* Religionen und Kulte fremder Völker sinnbildlich, und zwar als Symbolisierungen von Naturereignissen (»Origine de tous les cultes, ou religion universelle«, 1795, spät. Ausg. 1866 u. 1876).

Zur Erforschung des Symbols gehören zweifellos auch die schon erwähnten ästhetischen Bemühungen um Klärung des Symbolbegriffs in der zweiten Hälfte des 18. Jahrhunderts, die seit *Winckelmanns* »Versuch einer Allegorie, besonders für die Kunst« (1766) auch für literarästhetische Einsichten Gewicht bekommen, obgleich hier das von Goethe später als ›Symbol‹ bezeichnete Sinnbild noch ›Allegorie‹ genannt wird. *Herder* schuf sich, um dem noch immer pejorativ für ein ›willkürliches‹ Zeichen mit abstrakter Bedeutung gebrauchten Begriff ›Symbol‹ zu entgehen, den Terminus ›Natursymbol‹, der ihm eine neue Möglichkeit eröffnete, sinnbildlichen Ausdruck als Kunstmittel zu bejahen: Da ihm Natur Sinnbild göttlicher Offenbarung war, sollte auch der als naturhaft produzierend gedachte Künstler sich symbolisch artikulieren. Mit Herder näherte sich der Symbolbegriff wieder religiösen Vorstellungen und erhielt irrationale Züge, die sich dann besonders in der Romantik geltend machten. Die Vorstellung des Natursymbols führt, wenn auch nicht der Formulierung, so doch der Sache nach, zu Auffassungen von *Karl Philipp Moritz* und dem jungen *Goethe*. Moritz machte die für die moderne literarwissenschaftliche Symbolforschung so wichtige Entdeckung von der Ambivalenz des Symbols, das einerseits Zeichen, aber auch »an sich etwas« ist (»Über die Allegorie«, 1789).

Mit Moritz einig in der Ablehnung der Allegorie als eines kunstfremden Mittels ist der reife Goethe, dessen Werk an der Wende zu einer Literaturepoche steht, deren Vertreter nicht mehr aus überliefertem Symbolgut schaffen konnten, sondern mit eigenen Symbolen arbeiteten. Die sich stabilisierende Auffassung von der Autonomie des Kunstwerks und von der Notwendigkeit diesem gemäßer Ausdrucksmittel hat die moderne, an ihren Schöpfer, den Autor, gebundene Form des Symbols hervorgerufen, die ein wesentlicher Teil künstlerischer Erfindungskraft geworden ist und die Aufmerksamkeit der Wissenschaft auf sich gelenkt hat. Die Epoche um 1800 ist sich der Bedeutung dieses Mittels bewußt gewesen, die auch in der Nähe des ästhetischen Symbols zum religiösen liegt und in seiner Mitwirkung an dem Versuch, Religion mit Kunst gleichzusetzen oder sie durch Kunst zu ersetzen.

So konnte *A. W. Schlegel* »Dichten« als »ein ewiges Symbolisieren« bezeichnen. *Novalis,* nach dem Dichtung symbolisch sein und das Unwillkürliche in ein Willkürliches verwandeln soll, schuf aus überkommenen Metaphern und Motiven Symbole, die auf die Dichtung des europäischen Symbolismus hinübergewirkt haben. Sein Symbol des Unterreichs als des Bezirks der Kunst und das Symbol der Nacht als Inbegriff des Mütterlichen, Gebärenden, sind Existenzsymbole des Künstlers überhaupt. In der Kunsttheorie *Solgers* erscheint dann das Symbol als das »Dasein der Idee« oder deren Offenbarung, eine von *Hegel* beeinflußte Anschauung, die hinter den Formulierungen Goethes zurückbleibt, weil sie das Ästhetische in den Dienst des Gedanklichen stellt und einbegreift, daß der Sinngehalt des Symbols im Begriff einzuholen sei. Im Zeichen romantischen Zeitgeistes gelangte *Jacob Grimm* zu Begriff und Definition der Rechtssymbolik. Die plötzlich einsetzende Wichtigkeit des Symbolbegriffs in jener Epoche ist unter anderem durch *Bruno Markwardt* in seiner »Geschichte der deutschen Poetik« nachgewiesen.

An Dupuis und seine Auffassung vom sinnbildlichen Wesen der Religionen konnte *Friedrich Kreuzer* anknüpfen, der Ursprung und Charakter des Symbols im Religiösen sah und es betont in den Bereich des Mystischen, Dunklen rückte. Gleichzeitig mit den Erkenntnissen der romantischen Religionswissenschaftler, deren Spuren dann im Laufe des 19. Jahrhunderts *Bachofen, Usener, Mannhardt, Stucken, Jeremias Frobenius* u. a. gefolgt sind, hat *Hegels* bei allem Bemühen um die Feststellung eines höheren symbolischen Kunstwerkes im ganzen negative Kritik an der »Unangemessenheit« von Darstellung und Bedeutung doch den Ansatzpunkt für einen geänderten Begriff des Wortes Symbol als eines bloßen Zeichens gebildet, der sich in der Philosophie des 19. Jahrhunderts entwickelte und über *Johannes Volkelt* und *Friedrich Theodor Vischer* zu *Ernst Cassirer* führte. Für *Cassirer* ist »Repräsentation« durch Symbole eine Grundfunktion des menschlichen Bewußtseins;

die wesentlichen symbolischen Formen, die sich der Mensch geschaffen hat, sind Sprache, Mythus und Erkennen. Da Cassirers System auch die abstrakte und eindeutig mathematische Symbolik einbezieht, macht diese Gleichsetzung von Zeichen und Symbol die Anwendbarkeit von Cassirers Begriff für den ästhetischen Bereich unmöglich. Sein Symbolbegriff wirkt bei dem Amerikaner *Kenneth Burke* nach, für den Dichten symbolisches oder stellvertretendes Handeln im Gegensatz zu praktischem Handeln bedeutet.

*Literatur:*

*Zur Geschichte des Begriffs:*

*Max Schlesinger:* Geschichte des Symbols, 1912.

*Bruno Markwardt:* Geschichte der deutschen Poetik, 4 Bde, 1958 bis 1959; der Symbolbegriff gewinnt erst in Bd 3 »Klassik und Romantik« Bedeutung; vgl. S. 706 ff. u. S. 713 ff.

*Ernst Howald:* Der Kampf um Creuzers Symbolik. Eine Auswahl von Dokumenten, 1926.

*Bengt Algot Sørensen:* Symbol und Symbolismus in den ästhetischen Theorien des 18. Jhs und der deutschen Romantik, Kopenhagen 1963.

*Doris Starr:* Über den Begriff des Symbols in der deutschen Klassik und Romantik, 1964.

*Der Symbolbegriff in der Philosophie:*

*Ernst Cassirer:* Philosophie der symbolischen Formen, 3 Bde nebst Index, 1923–1931, Oxford ²1954.

*Kenneth Burke:* The Philosophy of Literary Form. Studies in Symbolic Action, Louisiana 1941.

*Bibliographie:*

*Manfred Lurker:* Bibliographie zur Symbolkunde, 3 Bde, 1964 bis 1968.

## *Die Literatur des Symbolismus – Symboldeutung der Psychoanalyse*

Für Literaturkritik und Literaturgeschichte wurde der Symbolbegriff aktuell, als im späten 19. Jahrhundert eine Literaturströmung hervortrat, die sich selbst den Namen Symbolismus gegeben hat. Der gegen die im Greifbaren und Gegenständlichen verhaftete Kunst des Realismus-Naturalismus gerichtete Protest des Symbolismus, für den die ideale Welt wirklicher war als die der Sinne, schlug sich im Werk der einzelnen symbolistischen Dichter in Form eines jeweils individuellen Symbolsystems nieder, das zunächst eine Art säkularisierte Mystik war. Selbstgefundene, oft bewußt dunkle, »hermetische« Metaphern und Symbole wurden zu assoziativen sprachlichen Reizwirkungen benutzt, die eine Theorie der Poésie pure stützen sollten. Daß dieses irisierende Bilderspiel bei einer zu subjektivistischer Stimmungskunst hindrängenden Entwicklung häufig nicht mehr zentrales Gefüge war, sondern additives Ornament wurde, beweist etwa des dänischen Dichters Johannes Jørgensen Formulierung von dem »grünen Absinth der Dekadenz und dem Kaviar der Symbolik«. Das Symbol war nicht mehr Schlüssel zu einer höheren Existenzebene, sondern suggerierte den verschiedenen Lesern verschiedene Vorstellungen; oft war es ein Fetisch, der um seiner selbst willen angebetet wurde.

Symbolismus ist zwar nicht mit symbolischer Kunst gleichzusetzen, doch ist seitdem das Gespräch über das Symbol in der Dichtkunst nicht wieder verstummt, das *Dilthey* in Gang gesetzt hat, für den »die kernhafte Idealität eines Kunstwerkes in dieser Symbolisierung eines ergreifenden inneren Zustandes durch Außenbilder« lag. Wenn er solche Gedanken innerhalb eines Vortrages über »Dichterische Einbildungskraft und Wahnsinn« (1886) äußerte und eine Beziehung zwischen dichterischen Symbolen und Traum- und Wahnsinnsvorstellungen sah, diese allerdings als »arme und verkümmerte Symbole« abwertete, so griff er einer Entwicklung voraus, die mehr als jede andere Begriff und Deutung des dichterischen Symbols befruchten, aber auch gefährden und verengen sollte.

An *Sigmund Freuds* tiefenpsychologischer Verwendung des Symbolbegriffes war für die Literaturwissenschaft weniger die Beziehung zwischen dichterischen Bildern und Traumbildern von Bedeutung, die schon in romantischer Zeit *Gotthilf Heinrich Schubert* (»Die Symbolik des Traumes«, 1814) und später *Karl Albert Scherner* (»Das Leben des Traumes«, 1861) hergestellt und aus der symbolisierenden Tätigkeit der menschlichen Phantasie erklärt hatte, als die für den ästhetischen Bezirk verwirrende Übernahme des Wortes Symbol im zeichenhaften Sinne der Naturwissenschaft und der Pathologie. »Symbolologie« ist im Französischen die Lehre von den Krankheitszeichen. Der Symbolbegriff wurde außerdem seit dem Psychiater Finkelnburg im ausgehenden 19. Jahrhundert besonders in der negativen Bedeutung der »Asymbolie« verwendet, d. h. für eine sensorische Erkrankung, die sich im Nichterkennen vertrauter Zeichen und Abzeichen, dann im Nichterkennen der Dinge überhaupt, äußert. Diese Gleichsetzung von Symbol und Symptom liegt Freuds Sprachgebrauch zugrunde und erklärt, daß bei ihm der eigentliche Symbolbegriff und der zeichenhafte einer einfachen Stellvertretung wechseln. Die im unbewußten oder unterbewußten Denken vorgehenden Symbolisierungen kamen nach Freud in der Traumbildung zum Ausdruck, und in den Traumvorstellungen sah er den gleichen Bildervorrat, der in den Mythen alter Kulturen und der Vorstellungswelt des Kindes vorhanden ist. Von hier aus schien sich eine Übernahme von Freuds Thesen in die Volkskunde und Literaturwissenschaft anzubieten.

Freuds Schüler *Franz Riklin* hat als erster diesen Schritt unternommen und die Gleichartigkeit der aus Zauberei, Mythologie und Religion stammenden Märchensymbole mit denen aus der Psychopathologie nachzuweisen gesucht. Eine sehr bald deutlich werdende Einseitigkeit war Freuds Interpretation der Traumbilder als Ausdruck der Wunscherfüllung und Wunschversagung auf erotischem Gebiet. Daher gewann sein von dieser Auffassung sich distanzierender Schüler *C. G. Jung* den für die literarische Symbolforschung nachhaltigeren Einfluß. Jung trennte von der bloßen »Subjektstufe« der Symbolbildung, bei der die Symbole im Zusammenhang mit der Vita des Träumenden stehen, die wichtigere »Objektstufe«, deren Symbole Archetypen sind, die dem kollektiven Unbewußten entstammen; solche gewissermaßen menschlichen Urvorstellungen wurden aus mythischem Erleben abgeleitet. Jung schlug die Brücke zu der älteren mythologischen Richtung der Symbolforschung, was sich auch in seiner Zusammenarbeit mit dem ungarischen Mythenforscher *Karl Kerényi* dokumentiert. Er lehnte die zeichenhafte Bedeutung von Freuds Symbolen ab und betonte den ambiguosen, unausschöpfbaren Gehalt der archetypischen Symbole, die so dem ästhetischen Symbolbegriff nahestehen. Die archetypischen Bilder können nach Jung überall und spontan auftreten; ihre Ähnlichkeit beruht auf der Struktureinheit der Seele, nicht auf literarischer Übernahme. Der Archetypus ist nicht faßbar und nicht mit mythologischen Symbolen identisch, sondern er spiegelt sich, immer variiert und unvollkommen, in stets neuen Gestaltungen.

Auf welche Gebiete sich heute die durch Jung beeinflußte Symbolforschung und der Begriff Symbol erstrecken, zeigt die Tätigkeit verschiedener spezieller wissenschaftlicher Gesellschaften: der 1953 in Genf von dem Arzt M. Engelson gegründeten »Société pour l'Etude scientifique du Symbolisme«, der 1955 für die deutsche Schweiz und Süddeutschland in Basel gegründeten »Gesellschaft für wissenschaftliche Symbolforschung« und der 1957 gegründeten

»Österreichischen Gesellschaft für Symbolforschung«. Die seit 1960 erscheinende, von *J. Schwabe* als »Symbolon – Jahrbuch für Symbolforschung« herausgegebene Publikation der Baseler Gesellschaft verzichtet auf eine fachliche Einengung des Symbolbegriffes.

Wie stark im allgemeinen modernen Bewußtsein der Begriff Symbol aus dem Gesichtspunkt der Naturwissenschaften und der Psychoanalyse bestimmt ist, zeigen z. B. die verschiedenen Beiträge zum Begriff des Symbols in »Studium generale«, Jg 6, 1953, H. 4–6.

Die Methode *Jungs* und seiner Schule hat sich nicht nur auf die Deutung von Mythen und Märchen beschränkt und bis heute eine wichtige Komponente der Märchenforschung gebildet (*Hedwig von Beit*, »Symbolik des Märchens«, Bd I, 1952), sondern ist auch auf die Untersuchung von Symbolen der Kunstdichtung übertragen worden (vgl. die Arbeiten von *A. Jaffé, M. Bodkin, R. Mühlher*). Dem kam entgegen, daß moderne Dichter, durch die Freud-Jungschen Interpretationen angeregt, ihre Symbolwelt von dort bezogen oder durch sie erweiterten (Hesse, Meyrink, Kafka, Th. Mann).

*Literatur:*

*Zum Symbolismus:*

*Wilhelm Dilthey:* Dichterische Einbildungskraft und Wahnsinn, 1886, in: *W. D.*, Ges. Schriften VI, 1924, S. 90–102; *ders.:* Die Einbildungskraft des Dichters. Bausteine für eine Poetik, 1887, in: Ges. Schriften VI, 1924, S. 103–242, besonders das 2. Kapitel »Versuch einer psychologischen Erklärung des dichterischen Schaffens«, S. 139–177.

*Cecil Maurice Bowra:* The Heritage of Symbolism, London 1943; dt. Ausg. u. d. Titel: Das Erbe des Symbolismus, 1947.

*Werner Vordtriede:* Novalis und die französischen Symbolisten. Zur Entstehungsgeschichte des dichterischen Symbols, 1963.

*Psychoanalytisch orientierte Arbeiten:*

*Sigmund Freud:* Traumdeutung, 1900, [9]1950, Neudruck 1961.

*Franz Riklin:* Wunscherfüllung und Symbolik im Märchen, 1908.

*C. G. Jung:* Psychologie und Dichtung, in: Philosophie der Literaturwissenschaft, hrsg. v. E. Ermatinger, 1930, S. 315–330; *ders.:* Gestaltungen des Unbewußten, 1950; *C. G. Jung / Karl Kerényi:* Einführung in das Wesen der Mythologie, 1941; *dies.:* Das göttliche Kind in mythologischer und psychologischer Beleuchtung, 1940; *dies.:* Das göttliche Mädchen, 1941. – *Aniela Jaffé:* Bilder und Symbole aus E. T. A. Hoffmanns Märchen »Der goldene Topf«, in: *C. G. J.*, Gestaltungen des Unbewußten, 1950, S. 239 bis 616.

*Maud Bodkin:* Archetypal Patterns in Poetry. Psychological Studies of Imagination, Oxford 1934, [3]1951.

*Robert Mühlher:* Dichtung der Krise. Mythos und Psychologie in der Dichtung des 19. und 20. Jhs, 1951.
*William Rose:* The Psychological Approach to the Study of Literature, in German Studies, pres. to L. A. Willoughby, Oxford 1952, S. 171–190; deutsch in: Sinn und Form 8, 1956, S. 789–812.
*Hedwig von Beit:* Symbolik des Märchens, 2 Bde, 1952 u. 1956, Reg.-Bd 1957.

### *Literaturwissenschaftliche Symbolforschung*

Die Literaturwissenschaft hat dem Begriff und der Bedeutung des Symbols nur zögernd ihre Aufmerksamkeit zugewandt. Sie sah im Symbol zunächst nicht einen wesentlich strukturierenden, sondern einen äußerlichen, schmückenden und daher abtrennbaren Bestandteil der Dichtung. In der ersten Auflage von *Merker-Stammlers* »Reallexikon« fehlen die Stichworte Symbol und Symbolik. *Robert Petschs* »Deutsche Literaturwissenschaft« berücksichtigt den Begriff Symbol in der Gliederung überhaupt nicht und führt ihn im Register zweimal mit Hinweisen auf recht belanglose Stellen auf; die Funktion des Symbols in der Dichtung spielte in Petschs Forschungslehre noch keine Rolle. *Julius Petersen* hat in seiner »Wissenschaft von der Dichtung« den Begriff »Sinnbildhaftigkeit« weniger auf die vom Dichter verwendeten Sinnbilder bezogen als darin einen Wertmaßstab für die Dichtungen gesehen, denen eine symbolische Qualität nachträglich zuerkannt wurde. Lediglich im Abschnitt »Wirklichkeitsauffassung« spricht Petersen von drei in die Dichtung einbezogenen und in ihr ausgedrückten Reichen – der sichtbaren Welt, der symbolischen Welt und der Allegorie – und widmet der symbolischen Welt eine halbe Seite. *Wolfgang Kayser* verwendet in der ausgedehnten Gliederung seines Buches »Das sprachliche Kunstwerk« den Begriff Symbol nicht und formuliert sogar einmal (S. 316) in Parenthese den Satz »um das nichtssagende Wort Symbole zu meiden«. Dennoch sind auch im Falle des Symbols, wie in dem von Stoff und Motiv, die Ansätze zu einer wirklich poetologischen Auseinandersetzung im Zeitpunkt des Übergangs von der geistesgeschichtlichen Handhabung der Literaturgeschichte zur ästhetischen zu suchen. *Emil Ermatinger* handelt im 3. Teil von »Das dichterische Kunstwerk« unter dem Abschnitt »Die innere Form« auf 20 Seiten über »Das Symbolische« ab, wobei er einzelne Stufen und Arten des Symbolischen im Laufe der Literaturgeschichte unterscheidet. *Hermann Pongs,* der 1926 mit dem

1. Band von »Das Bild in der Dichtung« die Grundlage für eine Erfassung des in der neueren Literaturgeschichte viel diskutierten Phänomens »Bild« gab, suchte in dem 2. Band, »Voruntersuchungen zum Symbol« (1939), in sich z. T. überschneidenden und nicht systematischen Einzelabhandlungen auf dem Weg der Beschreibung und Deutung von Dichtungen dem Symbol nahezukommen und Ansätze zu einer Symbolforschung zu geben, die in Deutschland inzwischen im wesentlichen durch *Wilhelm Emrich* vorangetrieben wurde. Bereits in den dreißiger Jahren hatte *Leonhard Beriger* in seinem Buch über literarische Wertung das Symbol unter die Hauptbegriffe der Literaturwissenschaft eingereiht; allerdings wollte er es vorwiegend als das Gestaltungsprinzip der Dichtung überhaupt und weniger als funktionales Glied innerhalb eines Kunstwerks verstanden wissen. Einen wie großen Platz sich die Symbolinterpretation seitdem erobert hat, ist etwa an der Poetik *Herbert Seidlers* abzulesen. Da bei allgemeiner Poetik die Einbeziehung der ausländischen Literaturwissenschaft unerläßlich ist, sind die maßgebenden Arbeiten von *René Wellek / Austin Warren, William York Tindall, Harry Levin* und *Gaston Bachelard* heranzuziehen. Sie alle stoßen zu einer sich mit den Ansichten Emrichs treffenden eigenständigen, von der psychoanalytischen und mythologischen Methode abrückenden Betrachtung des Symbols vor.

*Literatur:*

*Zum Grundsätzlichen:*

*Emil Ermatinger:* Das dichterische Kunstwerk, 1921, ³1939, S. 290 bis 310.

*Hermann Pongs:* Das Bild in der Dichtung, Bd 1: Versuch einer Morphologie der metaphorischen Formen, 1926, ³1967; Bd 2: Voruntersuchungen zum Symbol, 1939, ³1967.

*Leonhard Beriger:* Die literarische Wertung, 1938, S. 63–76.

*René Wellek / Austin Warren:* Theory of Literature, New York 1949; deutsch: Theorie der Literatur, 1959, zuletzt 1972.

*Wilhelm Emrich:* Symbolinterpretation und Mythenforschung. Möglichkeiten u. Grenzen eines neuen Goetheverständnisses, in: Euph. 47, 1953, S. 38–67; erneut in: *W. E.*, Protest und Verheißung, 1960, S. 67–94.

*William York Tindall:* The Literary Symbol, Bloomington/Ill., USA 1955.

*Harry Levin:* Symbolism and Fiction, Charlottesville, Va., USA 1956.

*Herbert Seidler:* Die Dichtung. Wesen, Form, Dasein, 1959, ²1965.

*Gaston Bachelard:* La poétique de l'espace, Paris 1957, deutsch: Poetik des Raumes, 1960.

*Erich Kahler:* The Nature of the Symbol, in: Symbolism in Religion and Literature, hg. Rollo May, New York 1960.
*Manfred Lurker* [Hrsg.]: Wörterbuch der Symbolik, 1978.

*Typische Untersuchungen:*
*Herbert Anton:* Der Raub der Proserpina. Literarische Traditionen eines erotischen Sinnbildes u. mythischen Symbols, 1967.
*Louise Vinge:* The Narcissus Theme in Western European Literature up to the Early 19th Century, Lund 1967.

*Lehrmaterial:*
*Bengt Algot Soerensen:* Allegorie und Symbol. Texte zur Theorie des dichterischen Bildes im 18. und frühen 19. Jahrhundert, 1972.

## Systematische Klärung der Begriffe und ihre Abgrenzung gegen verwandte und benachbarte Begriffe

Die dichtungstheoretischen Bemühungen der letzten 30 bis 40 Jahre, die einer deutlicheren Fixierung der Grundbegriffe galten, führten zwar noch nicht zu einer eindeutigen Definition der drei Bezeichnungen Stoff, Motiv, Symbol, doch immerhin zu einer umrißhaften Klärung. Stoff, Motiv und Symbol gelten als Komponenten des stofflich-inhaltlichen Strukturelements der Dichtung und stellen drei Stufen der Vergeistigung des vom Dichter angetroffenen oder ihm an Hand gegebenen Materials dar. Der Stoff kann zum Motiv konzentriert, das Motiv zum Symbol überhöht werden.

### *Stoff*

Stoff im weitesten Sinne ist zunächst ein außerhalb des Kunstwerkes stehendes Element, das erst durch den dichterischen Akt zum Bestandteil der Dichtung wird, und solcher Stoff kann alles sein, was Natur und Geschichte dem Dichter an Rohstoff liefern. Eine Erforschung dieser Materie wäre nicht nur endlos, sondern auch sinnlos. Stoff im engeren und wissenschaftlich fruchtbaren Sinne ist daher nicht dieser Rohstoff, sondern eine schon außerhalb der Dichtung vorgeprägte Fabel, ein ›Plot‹, der als Erlebnis innerer oder äußerer Art, als Bericht über ein zeitgenössisches Ereignis, als historische, mythische, religiöse Fabel, als ein bereits durch einen anderen Dichter gestaltetes Kunstwerk oder auch als selbsterfundene Handlung dichterisch gestaltet wird. So verstanden ist poetischer Stoff bereits ein durch einen geistigen Prozeß erzeugtes Substrat aus dem, was in der natürlichen Welt als Stoff gilt.

Wie sich der Stoff zu den anderen Strukturelementen der Dichtung, Gehalt und Form, verhält, wird aus einer Formulierung *Goethes* deutlich: »Die Besonnenheit des Dichters bezieht sich eigentlich auf die Form, den Stoff gibt ihm die Welt nur allzu freigebig, der Gehalt entspringt freiwillig aus der Fülle seines Innern, bewußtlos begegnen beide einander, und zuletzt weiß man nicht, wem eigentlich der Reichtum angehöre. Aber die Form, ob sie schon vorzüglich im Genie liegt, will erkannt, will bedacht sein, und hier wird Besonnenheit erfordert, daß Form, Stoff und Gehalt sich zueinander schicken, sich ineinander fügen, sich einander durchdringen« (»Noten und Abhandlungen zum Divan«, WA I, 7, S. 100). Die Beobachtung, daß Stoff und Gehalt sich »bewußtlos« begegnen und man zuletzt nicht wisse, »wem eigentlich der Reichtum angehöre«, setzt voraus, daß Stoff ein mit geistigen Ausstrahlungskräften begabtes, kompliziertes Gebilde ist, das sich zu den anderen Strukturelementen »schicken« muß, um mit ihnen zu verschmelzen. *Hölderlin* forderte vom poetischen Stoff, daß er »receptiv für die Behandlung des Geistes« (»Über die Verfahrensweise des poetischen Geistes«) sein solle. Unternimmt es die Literaturwissenschaft, Stoff und Stoffgeschichte zu erforschen, so wird sie nur dort zu fruchtbaren Ergebnissen kommen, wo das Stoffliche durch seine natürlichen Qualitäten oder durch eine dichterische Tradition geistige Bezüge und Symbolkraft besitzt. Im Bereich der Motivforschung, die es mit den kleineren stofflichen Einheiten zu tun hat, stoßen Untersuchungen über vereinzelte Gegenstände wie den Wald in der Dichtung weitgehend ebenso ins Leere wie auf dem Gebiet der Stoffgeschichte Untersuchungen über bestimmte historische Rohstoffe, etwa die Bauernkriege oder den Dreißigjährigen Krieg, wenn nicht die Spezialisierung der Untersuchung auf bestimmte geistige Affinitäten des Stofflichen mehr als eine Registrierung des bloßen Vorkommens sichert. Der Rohstoff Wald wird erst in der fester umgrenzten Sicht als ›Märchenwald‹ oder ›Waldeinsamkeit‹ zum dichterischen Motiv. Ein zunächst so ›unpoetischer‹ Gebrauchsgegenstand wie die Hose wurde durch das Handlungsgefüge von Alexis' Roman »Die Hosen des Herrn von Bredow« oder von Sternheims Komödie »Die Hose« zum tragenden Motiv eines heiteren Stoffes. Eine Untersuchung über das Auge als Gegenstand der Dichtung könnte durch die Begrenzung auf das Werk Goethes einen sinnvollen und wissenschaftlich fruchtbaren Bezug erhalten, und die Bauernkriege oder der Dreißigjährige Krieg werden für stoffgeschichtliche Untersuchung dort interessant, wo sie zu einem Plot konzentriert und auf menschliche Schicksale visiert sind: im Götz-von-Berlichingen-Stoff, im Florian-Geyer-Stoff, im Gustav-Adolf-Stoff und im Wallenstein-Stoff. Deutlich wird diese Problematik auch an Untersuchungen über die Rolle von Städten oder Landschaften in der Dichtung. Rom und Paris bringen für die Verwendung als Motiv oder Symbol die Fülle dessen mit, was ihnen ihre Geschichte an Bezügen und geistigen Werten verlieh. Für Heidelberg und Venedig hat die Literatur selbst eine poetische Tradition geschaffen. Für die literarischen Qualitäten Berlins ist sowohl die Geschichte wie, in bescheidenerem Maße, die Literatur wirksam gewesen, und das Berlin der Gegenwart lieferte über symbolhaltige Motive hinaus sogar Ansätze zu einer Stoffbildung. Der geniale Griff des Dichters erhebt auch historisch und poetisch Nicht-Vorgeprägtes zum Motiv der Dichtung: Abdera und Schilda verdanken einem solchen ihren Ruhm. Aber die Tatsache, daß etwa Karl Philipp Moritz in »Anton Reiser« die Stadt Hannover zum düsteren Symbol erwählte, gewährleistet nicht auch erhellende Untersuchungen über Hannover in der Dichtung, sie würden allenfalls der Heimatforschung, kaum aber der Literaturgeschichte und Poetik zugute kommen. Nur wirklich ›poetische‹ Stoffe und Stoffteile sind wandelbar und übertragbar, und sie besitzen möglicherweise eine Geschichte, mit der es die Stoff- und Motivforschung in erster Linie zu tun hat.

Die von Goethe aus dem Wissen um die Genese des Kunstwerks so deutlich vorgenommene Sonderung von Stoff und Gehalt ist von der Wissenschaft nicht immer beibehalten worden, wozu Goethes Andeutung, daß man schließlich nicht wisse, »wem der Reichtum angehöre«, die Erklärung bieten kann. Für den Späteren, auch für den Wissenschaftler, ist es oft schwer, die Elemente von dem Komplex zu trennen und zu bestimmen, was dem Stoff und seinen eingeborenen Tendenzen und was der Interpretationskraft des Dichters angehört. Daher hat die Forschung, und zwar *Hermann Hefele* und vor allem *Robert Petsch,* eine Zeitlang versucht, zwischen dem Rohstoff der Vorlage und dem schon mit Gehalt und Form verschmolzenen Inhalt einer Dichtung eine Art durch den Dichter schon gereinigte und neu geordnete Vorfassung des Inhaltlichen anzunehmen, die Hefele als den ›Stoff‹ einer Dichtung, Petsch als die ›Formel‹ des stofflichen Komplexes bezeichnet. Den Begriff Stoff möchte Petsch allein dem schon gedanklich gefüllten und geformten Inhalt einer Dichtung vorbehalten wissen, der nicht tradierbar und veränderbar sei. Den Begriff übernahm Petsch möglicherweise von dem Märchenforscher *J. G. v. Hahn,* bei dem ›Formel‹ eine Reihe fest verknüpfter, für einen bestimmten Stoff spezifischer Motive bezeichnet, die v. Hahn nach berühmten Stoffen ›Andromedenformel‹, ›Genovevaformel‹, ›Schneewittchenformel‹ u. ä. benannte. Abgesehen davon, daß Petsch selbst die Begriffe ›Rohstoff‹, ›Formel‹, ›Stoff‹, ›Gestalt‹ nicht sauber trennt und handhabt, ist mit seiner ›Formel‹, jenem Keimstadium eines Dichtungsinhalts, kaum zu arbeiten, da die Grenzen sich im konkreten Falle sehr schwer ziehen lassen; außerdem ist Petschs Begriff ›Stoff‹ so nahe an den des

Inhalts herangerückt, daß er seine Bedeutung für die Analyse einer Dichtung eigentlich verliert. Aus anderen Gründen als Petsch hat *Josef Körner* den Begriff Stoff als die bereits vom Dichter durch dessen Empfindungen beeinflußte subjektiv erfaßte Fabel interpretiert. Ihm ging es um die Fruchtbarmachung psychoanalytischer Einsichten für die Literaturwissenschaft und um die Erkenntnis der dichterischen Psyche. Er leugnete die Existenz eines objektiven poetischen Stoffes und erkannte dem, was man üblicherweise so nenne, allenfalls den Wert eines rohen Marmorblocks zu, der wissenschaftlicher Untersuchung nicht wert sei. Auch sein Begriffssystem ist, worauf noch bei der Klärung des Motivbegriffs zurückzukommen sein wird, nur sehr begrenzt verwendbar. Dagegen hat *Petersen* im Sinne der Goetheschen Vorstellung den Stoff vom dichterischen Erlebnis, d. h. der Verarbeitung bei der erlebnismäßigen Aneignung durch den Dichter, getrennt und festgestellt, daß die Eigenexistenz des Stoffes dort aufhöre, wo die persönliche Formung durch den Dichter beginne. Die gleiche Sonderung vertrat auch *W. Kayser*.

Die Schwierigkeit für die wissenschaftliche Darstellung eines Stoffes liegt darin, daß er in vielen Fällen nicht mehr aus der Einheit des Kunstwerkes herauslösbar ist. Bei historischen Stoffen wie dem Don-Carlos-, dem Maria-Stuart- oder dem Michael-Kohlhaas-Stoff ist die historische Fabel, oft auch schon in mehr oder weniger ausgeschmückter und entstellter Form, greifbar. Allerdings ist auch hier schwer zu entscheiden, an welchem Punkte der Entwicklung der Begriff ›Stoff‹ anzusetzen ist. Der poetische Stoff ist eben nie ungebildete, geistlose Materie, sondern nach *Ermatinger* sind schon Zeitungsbericht, Chronik und Sage Stufen der Gestaltung. Der historische Stoff organisiert sich – das kann an vielen Beispielen nachgewiesen werden – in einem Fall rasch, im anderen erst im Laufe von Jahrhunderten, zum poetischen Stoff. Bei der Erlebnisdichtung würde etwa die Urkonzeption, zu der sich die Eindrücke des Dichters verbinden und die der endgültigen Fassung keineswegs gleich zu sein braucht, der vorliterarischen Stufe der Stoffbildung entsprechen; auch sie ist meist schwer zu fassen. Noch schwieriger ist es in den Fällen, bei denen am Anfang einer langen Stoffgeschichte eine Dichtung steht, wie etwa bei der Sage vom Trojanischen Krieg oder der Nibelungensage. Hier scheint der Stoff nur durch Abstraktion aus dem schon geformten Kunstwerk zu erstehen, und seine Darstellung gelingt wohl nur dadurch, daß man sich der bedeutendsten oder auch der frühesten Fassung anschließt oder sogar eine mittlere Linie aller Fassungen zu finden sucht. Wenn so Stoff an sich schwer fixierbar ist, braucht seine Existenz doch nicht geleugnet zu werden: sie liegt in dem geistigen Nenner aller Fassungen. Daß dieser Nenner keine bloße Fiktion, sondern eine Realität ist, erweist sich unter anderem daran, daß der dichterische Neubearbeiter, dem auch nur ähnliche Möglichkeiten offenstehen wie dem wissenschaftlichen Untersucher, zu einer dem Stoff adäquaten Lösung auch dann kommen kann, wenn er ihn nur in einer entstellten Form kennenlernte, und daß seine Lösung unter Umständen der eines anderen Bearbeiters verwandt ist, der sie zu anderer Zeit aus anderen Vorlagen herausdestillierte.

Der in dieser Weise umrissene deutsche Begriff ›Stoff‹ wird in der französischen und englischsprachigen Forschung im allgemeinen mit den Worten ›thème‹ und ›theme‹ wiedergegeben, die, weit unpräziser, die stofflichen Komponenten ›Thema‹, ›Stoff‹, ›Motiv‹ umgreifen; näher kommt dem deutschen Begriff ›Stoff‹ der französische ›sujet‹, der auch in der osteuropäischen Literaturwissenschaft häufig verwendet wird. *Baldensperger / Friederich* fügten in ihrer »Bibliography of Comparative Literature« der Überschrift ihrer Rubrik ›Literary Themes‹ den deutschen Begriff ›Stoffgeschichte‹ in Klammern bei, ähnlich wie auch der Belgier *Trousson* in seinen methodologischen Abhandlungen ›Stoffgeschichte‹ neben frz. ›thématologie‹ verwendet. Als Unterabteilungen dieser Rubrik erscheinen, auch in dem als Fortsetzung zu der Bibliographie gedachten »Yearbook of Comparative and General Literature« die Begriffe ›Individual Motifs‹ und ›Collective Motifs‹, von denen der erste annähernd dem Begriff Stoff, der zweite den deutschen Bezeichnungen Thema und Motiv entspricht. Da die Trennung jedoch nicht sauber durchgeführt ist, stehen im Abschnitt ›Individual Motifs‹ auch vielfach motivgeschichtliche Untersuchungen.

*Literatur:*

*Zum Grundsätzlichen:*

*Julius Petersen:* Die Wissenschaft von der Dichtung, [2]1944, S. 110 bis 112.

*Wolfgang Kayser:* Das sprachliche Kunstwerk, [14]1969, S. 55–81.

*Robert Petsch:* Deutsche Literaturwissenschaft, 1940, S. 87–99, 129–150.

*Emil Ermatinger:* Das dichterische Kunstwerk, 1921, [3]1939, S. 137.

*Hermann Hefele:* Das Wesen der Dichtung, 1923, S. 74–112.

*Josef Körner:* Erlebnis – Motiv – Stoff, in: Vom Geiste neuer Literaturforschung, Festschr. f. O. Walzel, 1924, S. 80–90.
*J. G. von Hahn:* Griechische und albanesische Volksmärchen, 1864, 1918, S. LXVII–XCIV.
*Else Buddeberg:* Hölderlins Begriff der »Receptivität des Stoffs«, in: GRM, NF 12, 1962, S. 170–193 (185).

## *Motiv*

Im Deutschen bezeichnet das Wort Motiv eine kleinere stoffliche Einheit, die zwar noch nicht einen ganzen Plot, eine Fabel, umfaßt, aber doch bereits ein inhaltliches, situationsmäßiges Element und damit einen Handlungsansatz darstellt. Bei Dichtungen, deren Inhalt nicht sehr komplex ist, kann er durch das Kernmotiv in kondensierter Form wiedergegeben werden, im allgemeinen jedoch ergeben bei den pragmatischen Dichtungsgattungen erst mehrere Motive den Inhalt. Für die Lyrik, die keinen eigentlichen Inhalt und daher keinen Stoff in dem hier umrissenen Sinne hat, bedeuten ein oder mehrere Motive die alleinige stoffliche Substanz. *Josef Körner* versteht unter Motiv »einen elementaren, in sich einheitlichen Teil des poetischen Stoffes«, nach *Heinz Stolte* ist es »die Seele der poetischen Einheit«, und *Max Lüthi* bezeichnet es, mit besonderer Blickrichtung auf Motivgeschichte, als »das kleinste Element einer Erzählung, das die Kraft hat, sich in der Überlieferung zu erhalten«.

Die Abgrenzung nach dem umfassenderen Begriff des Stoffes hin bedarf der Ergänzung durch eine Abgrenzung gegenüber den kleineren Einheiten. Einzelnstehende sog. Züge und Bilder, die der näheren Charakterisierung, dem Schmuck, der Stimmung oder auch der geistigen Erhellung des Inhalts dienen, sind keine Motive. Sie üben im Gesamt des Inhalts keine notwendige, sondern eine nur additive Funktion aus und reichen häufig auf das Gebiet des Stilistischen hinüber. So sind die bereits unter dem Abschnitt ›Stoff‹ angezogenen Dinge und Gegenstände wie Wald, Auge, Gold oder auch Meer, Hütte, Gewitter ebensowenig Motive, wie sie Stoff sind. Zu Motiven werden sie erst in komplexeren Erscheinungsformen wie ›Goldgier‹ oder ›Palast und Hütte‹. Die Motive zeigen Personen und Sachen nicht isoliert, sondern in einen Zusammenhang, d. h. eine Situation, gestellt, z. B. »Heimkehrer«, »Nebenbuhlerschaft« oder »heimliche Liebesbeziehung«. Neben menschlichen Grundsituationen haben auch bestimmte menschliche Typen, in deren Existenz etwas Situationsmäßiges liegt, etwa der Rebell, der Menschenfeind, der Sonderling, die Funktion von Motiven. Gerade ihnen gelten viele motivgeschichtliche Untersuchungen, so daß die ›Revue de littérature comparée‹ ihren der Rubrik Stoff- und Motivgeschichte entsprechenden Abschnitt ›Thèmes et types‹ überschreibt. Solche konstanten Situationen und Typen sind jedoch nicht an reale Vorlagen gebunden, sondern entspringen häufig auch Wunsch- und Angstvorstellungen. Ob die Aufgabe eines Zuges, Bildes oder Typus nur ornamental oder bereits movierend ist, unterliegt keiner absoluten Entscheidung, sondern ergibt sich aus dem Zusammenhang des Textes, aus dem Stellenwert: das Gewitter in Goethes »Werther« ist ein Motiv. Besonders deutlich wird die Wachstumsmöglichkeit kleinerer Einheiten zu Motiven an den sog. Topoi, aus der antiken Rhetorik stammenden klischeeartigen Zügen, deren Bedeutung durch die von *Ernst Robert Curtius* angeregte Toposforschung immer stärker erhellt wurde.

Wie schon beim Stoff, so ist auch beim Motiv eine Abgrenzung gegen den Bezirk des Gehalts nötig. In älteren literarhistorischen Werken findet sich mitunter eine Verwischung dieser Grenze und eine Gleichsetzung des Motivs mit Kategorien des Gehalts wie Idee, Thema und Problem. So bezeichnete etwa *Heinrich Spiero* ›Industrialisierung‹ und ›Soziale Frage‹ als Motive, für den Märchenforscher *Arthur Christensen* war ›Liebe‹ ein Motiv. Nun können Motive zwar Problemträger sein, wie etwa das Heimkehrer-Motiv im Odysseus-Stoff, aber das Motiv ist mit dem Problem ebensowenig gleichzusetzen, wie die Tatsache, daß viele Motive Symbolkraft haben, dazu verführen darf, hier eine Identität zu sehen. Spricht man vom ›Liebesmotiv‹ im »Tristan«, so meint man die Liebe, die mit der spezifischen Dreiecksituation des Tristan-Stoffes verbunden ist, und benutzt gewissermaßen eine sprachliche Abbreviatur. Ähnlich läßt sich der Einfachheit halber vom ›Ring-Motiv‹ im Gyges-Stoff sprechen, ohne daß damit einem belanglosen Gegenstand Motivfunktion zuerkannt wird; gemeint ist vielmehr der dem Eingeweihten bekannte Zauberring und seine movierende Rolle.

Grenzt man den Begriff ›Motiv‹ genügend ab, so sieht sich die Motivforschung weder den wenigen tragenden Problemen gegenüber, deren Untersuchung die Schaffung eines besonderen Forschungszweiges nicht rechtfertigen würde, noch hat sie es mit der Erforschung zahlloser atomarer Stoffteilchen zu tun, die nicht mehr künstlerische Einheiten widerspiegeln und nicht mehr beschrieben, sondern nur noch registriert werden können; *Stith Thompsons* »Motif-Index in Folk-Literature« mit seinem Katalog von etwa 40 000 Motiven mag den praktischen Bedürfnissen der Volkskunde dienen, aber eine etwaige Übertragung dieses Verfahrens auf die Kunstliteratur dürfte kaum der Erkenntnis von Dichtung dienen.

Eine besondere Auseinandersetzung verlangt die Einengung, die dadurch erfolgte, daß einige Forscher das ›Bewegende‹ des Motivs nicht darin sahen, daß es die Handlung, die Personen und die gedankliche Substanz des Kunstwerks in Motion setzt, sondern das ›Movierende‹ aus dem Kunstwerk in die Seele des Dichters verlegten. *J. Körner* versuchte eine psychoanalytische Interpretation des Motivbegriffes und verglich das Motiv mit dem Komplex in der Psychoanalyse, dem ›verdrängten‹ Gedankenmaterial der Träumer, Neurotiker und Psychotiker. Er verstand daher unter Motiv die den Künstler beherrschende Vorstellung und Stimmung, die ihn treibende Idee, die zur Versinnlichung im Bilde drängt und den Dichter zum Gestalten bewegt; Körner übersetzte das Wort ›Motiv‹ also in dem – außerhalb des ästhetischen Bereiches gültigen – Sinne von ›Beweggrund‹. So konnte er vom Motiv des männlichen Schuldgefühls in den Werken des jungen Goethe sprechen. Damit näherte er den Begriff erneut dem gehaltlichen des Problems an, legte den Akzent jedoch im Gegensatz etwa zu Spiero oder Paul Merker auf seine Psychologisierung. Körner hat später seine Auffassung erweitert und der üblicheren Meinung dahingehend angeglichen, daß er zwei Aspekte als für das dichterische Motiv kennzeichnend unterschied: einen subjektiv-aktivistischen und einen objektiv-formalen; sämtliche Motivbegriffe der Ästhetik seien in die Zweiheit eines psychologischen und eines morphologischen Sinnes geschieden. Den psychologischen Aspekt des Motivs hat *Hans Sperber* an einer dafür geeigneten Dichterpersönlichkeit, Gustav Meyrink, detaillierter analysiert, und *Willy Krogmann* schenkte durch Untersuchungen über Motivkonstanz, Motivgleichheit, Motivübertragung und ähnliche Erscheinungen jener subjektiv-aktivistischen Komponente besondere Beachtung; auch den Artikel ›Motiv‹ in der 2. Auflage des »Reallexikons der deutschen Literaturgeschichte« faßte er in diesem Sinne einseitig und ohne Beachtung des morphologischen Aspektes ab. Eine solche Verlagerung des Begriffs Motiv von der Struktur der Dichtung in die mögliche und nur selten nachweisbare Seelenlage des Dichters bedeutet nicht nur eine Ausschließung der gesamten Volksliteraturforschung, deren wesentliches Tätigkeitsfeld die Motivforschung ist, sondern auch eine Nichtbeachtung der so wichtigen poetologischen Ergebnisse des Forschungszweiges. *Adolf Beiß* hat daher in einer strukturanalytischen Arbeit die von Körner und Krogmann vertretene Interpretation des Motivbegriffes als für die Poetik unzulänglich abgelehnt.

Die Untersuchung von Motiven hat es nicht allein mit dem Aussagewert und dem Aufbau des jeweiligen Motivs, sondern vor allem auch mit seiner Kontaktfähigkeit und seinem Amalgamierungsvermögen zu tun. Das Motiv führt nicht einmal in der Lyrik ein völlig isoliertes Dasein, und in den pragmatischen Dichtungsgattungen ist das einzelne Motiv mit vielen anderen verschränkt. Das Bezugsvermögen des Motivs einerseits und seine Abstrahierbarkeit aus dem spezifischen Stoff andererseits sind der Grund für die Konstanz, die es, nach *Lüthi*, befähigt, »sich in der Überlieferung zu erhalten«, aber auch für die Beweglichkeit, mit der es Bindungen mit anderen Motiven eingeht und wieder löst. Ein Motiv kann Bestandteil nicht nur ähnlicher, sondern auch verschiedenartiger Stoffe sein. Das Motiv des herkunftsbedingten Liebeskonflikts eines Fürsten ist z. B. im Agnes-Bernauer-Stoff mit dem Motiv herrscherlicher Pflicht und Entsagung verknüpft, im englischen Stoff von Fair Rosamond dagegen mit dem von der Nebenbuhlerschaft, während im Jüdin-von-Toledo-Stoff alle drei Motive miteinander gekoppelt auftreten. Auf die Bedeutung solcher Motivkomplexe und Motivketten hat die neuere Forschung immer wieder hingewiesen. Erst der Motivkomplex kann ein Eigenleben führen, und an ihm läßt sich eine Art Motivbiologie ablesen.

Die Konstellation der Motive zueinander und innerhalb des Stoffes gibt wichtige Aufschlüsse, besonders im Zusammenhang mit der Struktur literarischer Gattungen. Petsch unterschied ›Kernmotive‹, ›Rahmenmotive‹, die das Kernmotiv stützen, sowie ›Füllmotive‹, die einzelnes charakterisieren, ergänzen und Verbindungen herstellen. Sperber ordnete nach primären Motiven, die eine Mittelstellung einnehmen, sekundären Motiven, die entweder eine Mittel- oder eine Nebenstellung einnehmen können, und detailbildenden Motiven. Krogmann begnügt sich mit der Dreiteilung in Mittelstellung, Seitenstellung und Randstellung. Ist das Kernmotiv ein Situationsmotiv, so konstituiert es einen situationsbestimmten Stoff, ist es ein Typus, so kann man von einem personalen Stoff sprechen. Bei der Neubearbeitung eines Stoffes werden die Füllmotive am leichtesten eliminiert oder ersetzt, während eine Änderung der Rahmenmotive bereits Rückwirkungen auf das Kernmotiv hat, d. h. eine Neuinterpretation des Stoffes einleitet. Das Kernmotiv ist die Konstante jeden Stoffes, die Variabilität der ihm zugeordneten Rahmenmotive prädestiniert einen Stoff häufig zu einer langen und wechselvollen Geschichte. Das Gleichgewicht des Motivgefüges darf jedoch nicht angetastet werden. Überwuchert ein Nebenmotiv das Kernmotiv, wie es mit dem Antigone-Stoff durch die Bearbeitungen Rotrous und Racines geschah, die den Kampf der Sieben gegen Theben mit in die Handlung einbezogen, so kommt der Stoff um seine Aussage und Wirkung. Die Zweigipfligkeit, d. h. Verteilung der Balance auf zwei Kernmotive, etwa des Alboin-und-Rosamunde-Stoffes, hat immer wieder die Alternative einer Alboin-Tragödie und einer Rosamunde-Tragödie ausgelöst. In der Geschichte des Tell-Stoffes ergab das Nebeneinander von Tyrannenmord-Motiv und demokratischem Rütlischwur-Motiv einen Dualismus, der meist durch Zurückdrängung des einen oder des anderen gelöst wurde, während Schiller beide Motive gleichwertig nebeneinander zu erhalten suchte und zur Harmonisierung als drittes das Rudenz-Berta-Motiv erfand. Der Motivkomplex ist oft so verzahnt, daß selbst die Weglassung eines Rand- oder Füllmotivs nicht ohne Schädigung des Ganzen vor sich geht. Durch seine Tilgung oder Veränderung kann dem anschließenden Motiv Sinn und Funktion genommen werden, es führt den Leser gewissermaßen in eine Sackgasse, was allenfalls im Kriminalroman rechtens ist. Solche in der Kunstdichtung verpönten ›blinden‹ oder, im Falle nicht gänzlicher Funktionslosigkeit, ›stumpfen‹ Motive ergeben sich durch die mündliche Überlieferung in der Volksdichtung sehr häufig. Hier arbeitet ihnen das ›Gesetz der Selbstberichtigung‹ (*Walter Anderson*) entgegen: im Tradieren werden die Fehler einzelner Fassungen wieder ausgeglichen, und es entsteht eine Art Standardform des Stoffes.

Schon *J. Petersen* hat das sog. ›Leitmotiv‹ von den echten Motiven gesondert. Der von der Musik Wagners her auf die Literatur übertragene Begriff meint die Wiederholung der gleichen Wortfolge, mindestens in Anklängen oder leichten Abwandlungen, an verschiedenen Stellen eines dichterischen Werkes, die durch diese Gemeinsamkeit miteinander in Beziehung gesetzt werden; man denke etwa an das »sei glöcklich, du gutes Kend« in Thomas Manns »Buddenbrooks«. Häufig werden zu diesem Zwecke sogar metrische Partien und eingestreute Verse benutzt, z. B. »wo sich Herz zu Herzen find't« in Fontanes »Frau Jenny Treibel«. Vielfach übernehmen, wie *Herman Meyer* nachgewiesen hat, Zitate aus fremden Dichtungen die leitmotivische Aufgabe: in Manns »Zauberberg« die Faustzitate, in Raabes »Hastenbeck« die Zitate aus Geßners »Idyllen« oder in Fontanes »L'Adultera« das »weiß wie Schnee« aus Bertuchs Kinderlied. Das Leitmotiv findet sich hauptsächlich im realistischen Roman, jedoch auch schon vorher, z. B. bei Goethe, und in der Moderne, besonders im Werk Heinrich Bölls. Leitmotive sind also keine Bestandteile des Inhalts, keine echten Motive, sie sind auch keineswegs ›leitend‹, sondern stilistische, tektonische, gliedernde Elemente, die eine Art musikalischen Effekt haben und einem Refrain gleichen. Krogmann bezeichnet sie daher im Anschluß an das Wort ›Kehrreim‹ lieber als ›Kehrmotive‹, während er die Benennung ›Leitmotiv‹ in Übereinstimmung mit der von ihm vertretenen Anschauung denjenigen Motiven vorbehalten möchte, die sich in bestimmten Abschnitten der Vita eines Dichters als ›leitend‹ erweisen. Das Leitmotiv kann auch symbolhaften Charakter haben und ist überhaupt in seiner rhythmisierenden Funktion dem Symbol verwandt.

*Literatur:*

*Zum Grundsätzlichen:*

*Paul Merker:* Stoff, Stoffgeschichte, in: RL III, 1928/29, S. 307.

*Julius Petersen:* Die Wissenschaft von der Dichtung, [2]1944, S. 169 bis 180.

*Heinrich Spiero:* Motivwanderungen und Motivwandlungen im neueren deutschen Roman, in: GRM 4, 1912, S. 305–321.

*Walter Anderson:* Kaiser und Abt. Die Geschichte eines Schwankes, Helsinki 1923, S. 399 ff.

*Arthur Christensen:* Motif et thème. Plan d'un dictionnaire des motifs de contes populaires, de légendes et de fables, Helsinki 1925.

*Heinz Stolte:* Eilhart und Gottfried, 1941, S. 23.

*Max Lüthi:* Märchen, 1962, S. 18 ff.; [2]1964. (Sammlung Metzler. 16.)

*Adolf Beiss:* Nexus und Motive. Beitrag zur Theorie des Dramas, in: DVjs. 36, 1962, S. 265–267.

*Psychoanalytisch orientierte Interpretation:*

*Josef Körner:* Erlebnis – Motiv – Stoff, in: Vom Geiste neuer Literaturforschung, Festschr. f. O. Walzel, 1924, S. 80–90. – *Ders.:* Besprechung von W. Kayser: Das sprachliche Kunstwerk, in: DLZ 70, 1949, Sp. 535–550.

*Hans Sperber:* Motiv und Wort bei Gustav Meyrink, in: *H. Sp.* u. *Leo Spitzer:* Motiv und Wort. Studien zur Literatur- und Sprachpsychologie, 1918.

*Willy Krogmann:* Motivanalyse, in: Zeitschr. f. angewandte Psychologie 42, 1932, S. 264–272. – *Ders.:* Motivübertragung und ihre Bedeutung für die literarhistorische Forschung, in: Neophilologus 17, 1932, S. 17–32. – *Ders.:* Die Stoffgestaltung des Dichters als Resultante seiner Erlebnisse, in: AfnSpr. 165, 1934, S. 162–186. – *Ders.:* Motiv, in: RL $^{2}$II, Lfg 5, 1961, S. 427–432.

*Typische Untersuchungen:*

*Karoline Urstaedt:* Der Kraftmeier im deutschen Drama von Gryphius bis zum Sturm und Drang, Diss. Gießen 1926.

*Willy Krogmann:* Untersuchungen zum Ursprung der Gretchentragödie, Diss. Rostock 1928. – *Ders.:* Das Friederikenmotiv in den Dichtungen Goethes, 1932. – *Ders.:* Goethes Ringen mit Wetzlar, 1932.

*Herman Meyer:* Der Typus des Sonderlings in der deutschen Literatur, Amsterdam 1943. – *Ders.:* Das Zitat in der Erzählkunst. Zur Geschichte und Poetik des europäischen Romans, 1961, S. 157 bis 174, 186–206, 214–229.

*Anni Carlsson:* Der Meeresgrund in der neueren Dichtung. Abwandlungen eines symbolischen Motivs von H. C. Andersen bis Thomas Mann, in: DVjs. 28, 1954, S. 222–233.

*Leander Hotes:* Das Leitmotiv in der neueren deutschen Romandichtung, Diss. Frankfurt/M. 1931.

Zu einzelnen Stoffen und Motiven vgl. auch die Artikel und bibliographischen Angaben in: *Elisabeth Frenzel:* Stoffe der Weltliteratur, $^{4}$1976, und *dies.:* Motive der Weltliteratur, 1976.

## *Symbol*

Die Definition des poetischen Begriffes ›Symbol‹, die seit *Goethe* datiert und sich noch heute um dessen Formulierungen kristallisiert, hängt ursächlich zusammen mit der geistigen Position der Dichtung am Ausgang des 18. Jahrhunderts. Die endgültige Lösung der Dichtung aus den religiösen Bindungen bedeutete zugleich die Aufgabe eines Systems von Gedanken, Gestalten und Fabeln, auf das die Dichtung früherer Zeiten in ihren Metaphern, Sinnbildern und Allegorien hatte verweisen können. Die Dichter waren genötigt, eine neue »Bedeutsamkeit« der irdischen Dinge zu finden, die zwar natürlich, einmalig und konkret waren, aber zugleich ein hinter ihnen stehendes Allgemeingültiges, Geistiges repräsentierten. Der reife Goethe schuf sich, wie *Wilhelm Emrich* in mehreren Untersuchungen herausgestellt hat, eine solche neue profane Symbolik. Er sah in der Natur die Offenbarungsstätte Gottes und sprach in Symbolen das Göttliche aus, denn das Auge des Dichters war für ihn Organ und Spiegel des Göttlichen. Die Formulierungen Goethes umrissen bereits das Wesentliche des Symbolbegriffes, den die neuere Forschung dann genauer analysiert hat: »Das ist die wahre Symbolik, wo das Besondere das Allgemeine repräsentiert, nicht als Traum und Schatten, sondern als lebendig-augenblickliche Offenbarung des Unerforschlichen« (»Maximen und Reflexionen«, WA I, $42^2$, S. 151–152) und »Das Wahre, mit dem Göttlichen identisch, läßt sich niemals von uns direkt erkennen, wir schauen es nur im Abglanz, im Beispiel, Symbol, in einzelnen und verwandten Erscheinungen; wir werden es gewahr als unbegreifliches Leben und können dem Wunsch nicht entsagen, es dennoch zu begreifen. Das gilt von allen Phänomenen der faßlichen Welt« (»Versuch einer Witterungslehre«, 1825). Diesen Gedanken formulierte Goethe noch einmal in »Maximen und Reflexionen« mit den Worten, »daß die Idee im Bild immer unendlich wirksam und unerreichbar bleibt und, selbst in allen Sprachen ausgesprochen, doch unaussprechlich bliebe« (WA I, 48, S. 206). Die auch von Goethes Freund *Karl Philipp Moritz* festgestellte Zweiwertigkeit des Symbols wird am deutlichsten in der Formulierung: »Alles, was geschieht, ist Symbol, und, indem es vollkommen sich selbst darstellt, deutet es auf das Übrige« (WA IV, 29, S. 122).

Für den Dichter ist die Symbolschaffung ein Akt der künstlerischen Weltbewältigung. Er sucht im Bild die Spannung von konkreter und abstrakter Welt zu überwinden, das scheinbar Zufällige ins Gültige zu erheben, die der Wirklichkeit immanente ewige Wahrheit so sichtbar zu machen, wie der Philosoph die Phänomene auf Begriffe reduziert. Auf dieser Ambivalenz, dieser Beheimatung in zwei Welten, beruht die Unfaßlichkeit, Unaussprechbarkeit und Unbegreiflichkeit des Symbols. Ein dichterisches Symbol muß konkretes Ding oder echte Person im Handlungsgefüge sein. Die schwarze Spinne in der Novelle Gotthelfs erfüllt diese Bedingung, ist darüber hinaus jedoch Symbol der Pest und in einem noch höheren Sinne Symbol des von den Menschen hervorgerufenen Bösen. Das Hinweisen des Symbols auf eine höhere Bedeutung könnte nun dazu verführen, unter Symbolik Verwesentlichung und Sinngebung zu verstehen. Die Geistigkeit ist aber nur die eine Seite des Symbols, die durch Gestalthaftigkeit auf der anderen Seite ergänzt wird. Das dichterische Symbol ist nicht aus dem stofflichen Zusammenhang abstrahierbar wie weltanschaulich vorgeprägte nationale und religiöse Symbole und Embleme, sondern es ist durch eine bildhafte Umgrenzung ausgezeichnet. Sinnbild und Sinn decken sich nie ganz, und die Bemühungen des Dichters, diese mangelnde Deckung durch weitere Symbole und symbolische Bezüge auszufüllen, machen die Variabilität des Symbols aus und steigern den geheimnisvollen, schillernden Reiz, den es ausübt. *Erich Kahler* hat das nicht von kultischen Vorstellungen bestimmte, frei und neu geschaffene künstlerische Symbol als »ascendierend« charakterisiert, im Gegensatz zu dem »descendierenden« kultischen Symbol, das aus einer früher geglaubten höheren Wirklichkeit zum Symbol abgesunken ist und von dort seine Bedeutung mitbrachte.

Die Lyrik verwertet hauptsächlich das sprachliche, metaphorische Symbol, in den pragmatischen Dichtungsarten können ganze Handlungsteile, Motive, Personen und Gegenstände Symbole sein. Die Funktion des Symbols ist verbindend; es verbindet nicht nur die Teile der Dichtung untereinander, sondern es schafft auch Verbindung zwischen Autor und Leser, solange die Weltsicht des Dichters mit der des Lesers übereinstimmt. Je hermetischer die Dichtung ist, um so gefährdeter wird diese Verbindung, und die Beziehung zwischen Autor und Symbol wird unter Umständen vom Leser nicht oder anders nachvollzogen. In der modernen Dichtung, in der das Symbol sich der Chiffre nähert, ist die verschleiernde Wirkung des Symbols größer als die entschleiernde.

Symbolisieren ist ein Grundzug des Dichterischen überhaupt, Dichtung ist ohne Symbolik oder ohne verwandte sinnbildliche Gestaltungen nicht denkbar. So hat selbst die realistisch-naturalistische Epoche zum Zwecke der dichterischen Überhöhung ihrer Wirklichkeit zur Verwendung von Symbolen gegriffen; Beispiele dafür liefern die Symbole der Großstadt Paris in den Romanen Zolas oder Ibsens »Wildente«. Auf der anderen Seite hat der Symbolismus des späten 19. Jahrhunderts bei aller dichterischen Qualität einzelner Werke oft das Symbolisieren forciert; einige Vertreter der modernen Symbolforschung (Strich, Tindall, Levin) sehen in der Verwendung des Symbols durch die Symbolisten mehr den Versuch der Reizwirkung als die Hinführung auf ein hinter den Dingen liegendes Geistiges. Symboldichtung ist eine konstante Erscheinung, nicht eine Frühform der Kunst, wie Hegel und auch viele Mythenforscher meinten. Sie ist auch nicht nur als christliche Symboldichtung denkbar, sondern gerade in der Epoche einer entgötterten Welt ein Weg, Verbindungen und Beziehungen herzustellen.

Alle diese Kennzeichen besagen, daß sich das dichterische Symbol von dem in den Naturwissenschaften und auch sonst häufigen ›Zeichen‹ weitgehend unterscheidet. Das dichterische Symbol ist nicht nur Hinweis, sondern hat Eigenwert, hat dichterischen Wert an sich. Es kann nicht mit dem ausgetauscht werden, was es symbolisiert, und nicht wie das X einer Gleichung durch seinen wirklichen Wert ersetzt werden. Denn es ist zugleich das, für das es steht, oder doch ein Teil von ihm, durch eine Art von Synekdoche; zugleich aber ist es mehr und anderes, unbestimmt und nicht identifizierbar.

Um die poetische Besonderheit und Qualität des Symbols fest zu umreißen, ist eine Abgrenzung gegen verwandte sinnbildliche Erscheinungen in der Dichtung geboten. Die Abgrenzung gegen die bis zum Ende des 18. Jahrhunderts meist gleichwertig gebrauchte Bezeichnung Allegorie gab, um seinen neuen Symbolbegriff abzuheben, Goethe: »Es ist ein großer Unterschied, ob der Dichter zum Allgemeinen das Besondere sucht oder im Besonderen das Allgemeine schaut. Aus jener Art entsteht Allegorie, wo das Besondere nur als Beispiel, als Exempel des Allgemeinen gilt; die letztere aber ist eigentlich die Natur der Poesie; sie spricht ein Besonderes aus, ohne ans Allgemeine zu denken oder darauf hinzuweisen« (»Maximen und Reflexionen«, WA I, $42^2$, S. 146). Allegorie ist ein sekundär gefundenes dichterisches Denkbild, etwa die »Frau Welt« und andere personifizierte Ideen und Eigenschaften in der mittelalterlichen Dichtung, die das Endstadium einer denkerisch-dichterischen Bemühung um die allegorische Auslegung von Vorgängen darstellen. Aber nicht nur der Entstehung nach unterscheidet sich die Allegorie vom Symbol, sondern auch ihrer Funktion und Wirkung nach. Die Allegorie ist nie an sich von Wert und Funktion, sondern weist immer auf etwas anderes hin. Bild und Sinn treten auseinander, sind auswechselbar. Gemäß dem rationalistischen Charakter der Allegorie kann an die Stelle des Bildes die Idee treten, d. h. ihre Bedeutung ist intellektuell einholbar. Die Allegorie ist bis in Einzelzüge bestimmt und auszulegen, während das Symbol schillernd und unergründlich ist. Die Allegorie hat also Zeichen-Charakter, bedarf eines Kommentars und Schlüssels, und sie bleibt dem unverständlich, der den hinter ihr stehenden Gedankenkreis nicht kennt. Sie »erschließt« sich nicht von selbst. Entgegen der von Goethe und der romantischen Ästhetik ins Leben gerufenen und geschätzten »profanen« symbolischen Kunst unternahm *Walter Benjamin* eine Aufwertung des sakral verankerten Begriffs der

Allegorie, die »nicht Konvention des Ausdrucks, sondern Ausdruck der Konvention« sei.

Auch die französische Ästhetik kennt den Gegensatz zweier sinnbildlicher Ausdrucksmöglichkeiten und für Allegorie zugleich auch den älteren Ausdruck ›emblème‹. Die Bezeichnung Emblem hat in der deutschen Literaturwissenschaft für das 16. und 17. Jahrhundert Bedeutung, in denen sich die Kunst der Emblematik entwickelte, die zu verstehen dem gebildeten Zeitgenossen zwar leichter fiel als einem modernen Leser, für deren Verständnis jedoch schon damals Kompendien wie des *Andreas Alciatus* »Emblematum liber« (1531) nebst seinen zahlreichen Nachahmungen verfaßt wurden. Hieroglyphisches Rätselbild, Wahlspruch und kommentierend-deutende Verse wuchsen zu einer speziellen Literaturgattung zusammen, die im Barock vor allem als Widmungs-Emblematik gepflegt wurde. Die Emblemata trugen ihren Sinn in sich, hatten jedoch oft verschiedene Deutungsmöglichkeiten. Wie Sprichwörter und Topoi drangen sie als Sentenzen auch in größere Dichtungen ein, im Barocktheater fungierten sie als stumme Bilder und verweisende szenische Effekte, im Dramentext als Orakel und Verhaltensnorm.

Eine ähnliche Zeichensprache, nur vor dem Hintergrund einer von Autor zu Autor sich ändernden privaten Vorstellungswelt, zu der es für den Außenstehenden keinen Schlüssel außer dem der Gleichgestimmtheit gibt, bildete sich in den Chiffren und teilweise rational montierten Assoziationsketten der modernen Lyrik heraus.

Das Bild, die Metapher, verhält sich zum Symbol ähnlich wie der Zug zum Motiv. Das Bild kann Symbolträger sein, braucht es aber nicht; es ist jedoch oft wesentlicher Bestandteil des Symbols, z. B. in der Lyrik, die sich hauptsächlich seiner bedient. Das Bild ist eine Analogie, die den Sinnen über das Optische dargeboten wird, aber es suggeriert im Gegensatz zum Symbol etwas, das ebenso bestimmt ist wie es selbst, und es erscheint begrenzt und deutlich. Die Bezeichnung ›Metapher‹ bezog sich ursprünglich auf die Ersetzung eines abstrakten Begriffes durch ein konkretes Bild, also auf eine Form der Allegorie, wurde im weiteren Verlauf aber auch auf jede Form des literarischen Bildes angewandt. *Pongs* allerdings schied ›Metapher‹ und ›Bild‹. Unter ›Metapher‹ wollte er im Anschluß an Aristoteles eben jenes logische Erfassen eines Phänomens durch das Auffinden von Analogien verstanden wissen. Für die Entstehung des ›Bildes‹ dagegen setzte er ein Hinstreben zu einem Urbild an, das nur annäherungsweise durch eine sinnliche Vorstellung ausgedrückt zu werden vermag; das Bild erhielt damit einen symbolischen Grundzug. Pongs im wesentlichen folgend wählte eine Dissertation über das Spiegelsymbol den Begriff ›Bild‹ zur Bezeichnung des alle sonstigen bildhaften Ausdrucksmöglichkeiten der Dichtung umfassenden »Wortfeldes«, innerhalb dessen die einzelnen Begriffe – Zeichen, Allegorie, Metapher, Vergleich, Gleichnis, Symbol – ihren Geltungsbereich zugewiesen erhielten. Die in der Poetik von *Wellek / Warren* getroffene Unterscheidung zwischen dem ›Bild‹ und dem durch wiederholtes Vorkommen sowie Beharrlichkeit gekennzeichneten ›Symbol‹, das als Präsentation und Repräsentation fungiere, scheint zu äußerlich und nicht völlig erschöpfend.

Mit der Absetzung gegen das bloße Zeichen, freilich nicht mit ihr allein, hängt auch die in der gegenwärtigen Forschung sich vollziehende Auseinandersetzung mit der psychoanalytischen Deutung des Symbols zusammen. Pongs hat in mehreren Aufsätzen, die dann im 2. Band von »Das Bild in der Dichtung« erneut abgedruckt wurden, die durch Freuds Thesen auf die Literaturwissenschaft ausgestrahlten Impulse begrüßt, aber zugleich die Unangemessenheit und Unzulänglichkeit der Anwendung psychoanalytischer Methoden auf die literaturwissenschaftliche Symbolforschung geltend gemacht; »echte Dichtung« beginnt für ihn erst jenseits des Bereichs, den die Psychoanalyse erfaßt. Nachhaltiger als durch Freuds Symboldeutung ließ sich die Literaturwissenschaft durch die von *Jung/Kerényi* herausgearbeitete Archetypenlehre beeinflussen. Am bezeichnendsten dafür ist wohl *Maud Bodkins* Buch »Archetypal Patterns in Poetry«. Die Verfasserin untersucht gewisse Stoffe und Motive, um das Beharrungsvermögen bestimmter Vorstellungen innerhalb einer Gemeinschaft oder Rasse zu erweisen. Sie studiert die Archetypen an der Dichtung, da bestimmte ›emotional patterns‹ speziellen dichterischen Motiven entsprächen, deren mythische Herkunft uns, so unbewußt sie uns ist, noch heute bewege. Ist hier Dichtung zum Zweck der Psychologie geworden, so haben doch auch Literarhistoriker etwa Goethes Symbole mit den Mythen früher Kulturen in Beziehung gebracht, sein dichterisches Schaffen als eine ahnende, urtümliche Neugestaltung interpretiert und die Bildungs- und Bewußtseinselemente geleugnet, ja als dem Symbolschaffen entgegengesetzt und feindlich hingestellt. Bezeichnend dafür ist *Alfredo Dornheims* Gleichsetzung des von Jung und Kerényi analysierten ›göttlichen Kindes‹ mit Goethes Mignon. *Robert Mühl-*

*her* versuchte, Kerényis Formel von der »Rückkehr des europäischen Geistes zu den mythischen Realitäten« im 19. Jahrhundert an verschiedenen Motiven der Dichtung dieser Epoche nachzuweisen. Mit der Feststellung, das Motiv vom zerbrochenen Krug sei keineswegs ein bei Kleist originales, sondern ein traditionelles Motiv, das in früherer Zeit mythischen Charakter aufwies und den abnehmenden Mond symbolisiere, interpretierte er mindestens an Kleists Dichtung vorbei oder von ihm weg, und mit der Gleichsetzung von Hauptmanns elbischen Frauengestalten, vor allem der Pippa mit der von Kerényi beschriebenen Anima-Psyche-Gestalt des ›göttlichen Mädchens‹, einer Hauptfigur der eleusischen Mysterien, dürfte er zu weit gegangen sein. Auch *Pongs* hat im 3. Teil seines Symbol-Bandes, den »Aufsätzen zur Existenzfrage«, die Archetypentheorie in gewissem Grade akzeptiert und in merkwürdiger Weise mit der Vorstellung von »arteigenen« Kulturformen verschmolzen. Bezeichnend für die Vermengung von Anschauungen sehr verschiedener Herkunft ist es, wenn er von den Urbildern spricht, »die aus dem ›vererbbaren Gestaltgesetz‹ des Stammes, der Rasse aufsteigen«. *Walter Muschg* stimmte der psychoanalytischen Symboldeutung wegen ihrer radikalen Psychologisierung der dichterischen Phänomene, ihrer Relativierung der Ausnahmeerscheinungen und ihres anti-individualistischen Systems zu. *Fritz Strich* ging zwar von den Begriffsdefinitionen Goethes aus, sah aber im modernen Symbolschaffen die Belebung und Heraufrufung der Archetypen und so im symbolischen Dichtertum »das in die Zeiten der Zivilisation hineinragende, in schöpferischen Genien sich noch erhaltende Menschentum archaischer und mythenbildender Menschheit« (S. 33). Er verwahrte sich jedoch gegen das Mechanistische in Jungs Anschauung, nach der moderne Symbole als Summierung, Wiederholung und Durchschnittsziehung einer langen Tradition entstanden seien, und glaubt im Gegensatz dazu an den schöpferischen und bewußten Akt der Neubildung. Ähnlich rückt *Joachim Rosteutscher* von der das individuelle Element des Kunstwerks zu einem Projektionssubstrat des kollektiven Unbewußten entwertenden Archetypenlehre Jungs ab, sucht den Weg in einer kritischen Verbindung der Auffassung Freuds und Jungs und sieht im künstlerischen Sublimationsvorgang einen vom persönlichen Erlebnis ausgehenden und archetypische Phänomene auslösenden Prozeß. Die spontan durch die unbewußte Psyche gebildeten archetypischen Elemente entstehen nach ihm jenseits aller Tradition und werden erst sekundär mit einem Mythos der historischen Tradition in Deckung gebracht, wobei der historisch überlieferte Mythos sich öfters starke Umbildungen gefallen lassen muß. Auch *Herbert Seidler* hat in seiner resümierenden Symboldefinition die Archetypenlehre noch miteinbezogen.

Demgegenüber haben Forscher wie *Wilhelm Emrich, René Wellek / Austin Warren, William York Tindall, Harry Levin* und *Gaston Bachelard* die Autonomie der Dichtung und der Dichtungswissenschaft betont. Schon in seiner grundlegenden Untersuchung über »Die Symbolik von Faust II« hat Emrich den Zusammenhang und die Verwandtschaft von dichterischem Symbol und philosophischem Begriff festgestellt, deren Gestaltung durch einen »unbewußt« Schaffenden gar nicht vorstellbar sei. Die Symbole Goethes seien nicht aus archaischen Wurzeln zu erklären, sondern aus einer ganz spezifischen geistigen und seelischen Situation sowie aus der Summe des Bildungsgutes jener Zeit; wo sie archaische und mythische Bilder übernehmen, funktionierten sie diese stets ins Moderne um, oder der Dichter distanzierte sich ironisch von ihnen. Besonders nachdrücklich hat sich Emrich dann in seinem Aufsatz »Symbolinterpretation und Mythenforschung. Möglichkeiten und Grenzen eines neuen Goetheverständnisses« (1953) gegen die verwirrende Identifizierung der unterbewußten Traumsymbole und der dichterischen Symbole gewandt, die zur Sprengung der geschichtlichen Kategorien der Dichtungswissenschaft führe und die Frage nach den wissenschaftlichen Kriterien der literarhistorischen Symbolforschung dringlich mache. Zur Diskussion stehe nicht nur die Geschichtlichkeit des dichterischen Phänomens, »sondern auch die grundsätzliche ästhetische Wesenserschließung«. Wie Emrich hat auch Tindall die Autonomie der Kunst betont und es für eine Unmöglichkeit erklärt, daß das literarische Symbol Inhalt, Beziehung und Qualität von Disziplinen beziehen könne, die es mit dem Unbewußten und der Vergangenheit des Menschen verknüpfen. Wellek / Warren warnen in ihrer »Theory of Literature« davor, unter dem Einfluß Freuds alle Bilder als Offenbarungen des Unbewußten aufzufassen und den Dichtern so wenig Selbstkontrolle und Kritik zuzutrauen, daß man aus ihren Bildern auf den hinter dem Künstler stehenden Menschen schließen könne; solche Untersuchungen analysierten den Dichter und nicht das Dichtwerk. Auch eine Innsbrucker Dissertation führt an, daß die Gleichsetzung von Symbol und Symptom das dichterische Symbol zu einem Hilfsmittel der Biographen degradiere. Alle diese

Feststellungen ähneln denen, die bei der Betrachtung der psychoanalytischen Interpretation des Motivbegriffs getroffen wurden.

*Literatur:*

*Zum Grundsätzlichen:*

*Walter Benjamin:* Ursprung des deutschen Trauerspiels. 1928, ²1966; auch in: *W. B.*, Schriften, Bd 1, 1955, S. 141–364.

*Hermann Pongs:* Das Bild in der Dichtung, Bd 1: Versuch einer Morphologie der metaphorischen Formen, 1926, ³1967; Bd 2: Voruntersuchungen zum Symbol, 1939, ³1967.

*Curt Müller:* Die geschichtlichen Voraussetzungen des Symbolbegriffs in Goethes Kunstanschauung, 1937. – *Ders.:* Der Symbolbegriff in Goethes Kunstanschauung, in: Goethe, Viermonatsschr. der Goethe-Ges. 8, 1943, S. 269–280.

*Karl Vossler:* Symbolische Denkart und Dichtung im Mittelalter und heute, in: *K. V.*, Aus der romanischen Welt, 1942, erneut 1965.

*René Wellek / Austin Warren:* Theory of Literature, New York 1942; deutsch: Theorie der Literatur, 1959, zuletzt 1972.

*Wilhelm Emrich:* Das Problem der Symbolinterpretation im Hinblick auf Goethes Wanderjahre, in: DVjs. 26, 1952, S. 331–352.

*William York Tindall:* The Literary Symbol, Bloomington, Ill., USA 1955.

*Harry Levin:* Symbolism and Fiction, Charlottesville, Va., USA 1956.

*Gaston Bachelard:* La poétique de l'espace, Paris 1957, deutsch: Poetik des Raumes, 1960.

*Herbert Seidler:* Die Dichtung. Wesen, Form, Dasein, 1959, S. 73 ff., 219 ff., 268 ff.; ²1965.

*Hugo Friedrich:* Die Struktur der modernen Lyrik, 1956, S. 91, 120–121.

*Rollo May* [Hrsg.]: Symbolism in Religion and Literature, New York 1960; besonders *Erich Kahler:* The Nature of the Symbol, ebda, S. 50–73.

*Werner Vordtriede:* Die Entstehung des Symbols in der Dichtung, in: Dt. Rdsch. 88, 1962, S. 744–749.

*Hans-Georg Gadamer:* Die Aktualität des Schönen – Kunst als Spiel, Symbol und Fest, 1977.

*Psychoanalytisch orientierte Interpretation und Auseinandersetzung mit ihr:*

*Walter Muschg:* Psychoanalyse und Literaturwissenschaft, Antrittsvorlesung 1930.

*Hermann Pongs:* Psychoanalyse und Dichtung, in: Euph. 34, 1933; erneut in: *H. P.*, Das Bild in der Dichtung, Bd 2: Voruntersuchungen zum Symbol, 1939.

*Fritz Strich:* Das Symbol in der Dichtung, Vortrag, gehalten 1939, veröffentlicht in: *F. S.*, Der Dichter und die Zeit, 1947, S. 13–39.

*Frederick J. Hoffmann:* Freudianism and the Literary Mind, Baton Rouge, La., USA 1945 (mit Bibliogr. S. 327–338).
*Wilhelm Emrich:* Symbolinterpretation und Mythenforschung. Möglichkeiten und Grenzen eines neuen Goetheverständnisses, in: Euph. 47, 1953, S. 38–67; erneut in: *W. E.*, Protest und Verheißung, 1960, S. 67–94.

*Typische Untersuchungen:*
*Wilhelm Emrich:* Begriff und Symbolik der Urgeschichte in der romantischen Dichtung, in: DVjs. 20, 1942, S. 273–304; erneut in: *W. E.*, Protest und Verheißung, 1960, S. 25–47. – *Ders.:* Die Symbolik von »Faust II«, 1943, ²1957.
*Alfredo Dornheim:* La ›Mignon‹ de Goethe y el ›Eco‹ de Thomas Mann, Mendoza 1950, deutsch: Goethes ›Mignon‹ und Thomas Manns ›Echo‹, zwei Formen des ›göttlichen Kindes‹ im deutschen Roman, in: Euph. 46, 1952, S. 315–347.
*Werner Danckert:* Goethe. Der mythische Urgrund seiner Weltschau, 1951.
*Robert Mühlher:* Dichtung der Krise. Mythos und Psychologie in der Dichtung des 19. u. 20. Jhs, 1951.
*Joachim Rosteutscher:* Das ästhetische Idol im Werke von Winckelmann, Novalis, Hoffmann, Goethe, George und Rilke, 1956.

*Emblemliteratur:*
*Hellmut Rosenfeld:* Das deutsche Bildgedicht, 1935; darin Kap. 5, S. 46 ff.: Die Entstehung und Entwicklung der emblematischen Dichtung. – *Ders.:* Emblemliteratur, in: RL I ²1958, S. 334–336.
*Albrecht Schöne:* Emblemata. Versuch einer Einführung, in: DVjs. 57, 1963, H. 2, S. 197. – *Ders.:* Emblematik und Drama im Zeitalter des Barock, 1964.
*Arthur Henkel* u. *Albrecht Schöne:* Emblemata. Handbuch zur Sinnbildkunst des XVI. u. XVII. Jhs, 1967, ²1976.

Die Begriffe ›Stoff‹, ›Motiv‹ und ›Symbol‹ stehen als terminologische Bereiche zwar sachlich scheidbar nebeneinander, sind aber nicht nebeneinander existierende Phänomene verschiedener Herkunft, sondern eher unterschiedliche Entwicklungsstadien oder Spielarten eines komplizierten Organismus. Wie ein Zug, ein Topos, sich zum Motiv strecken kann, so kann sich ein Motiv zum Stoff strecken, teils durch eigenes Wachstum, teils durch Ankristallisation ähnlicher Körper. Andererseits kann der Stoff stellvertretend oder typisch für ein Motiv sein. Man spricht vom Ödipus-Motiv und meint den Vater-Sohn-Konflikt, vom Graf-von-Gleichen-Motiv und meint das Motiv des Mannes zwischen zwei Frauen, vom Don-Carlos-Motiv und meint das Motiv der Nebenbuhlerschaft zwischen Vater und Sohn in der Liebe zu einer Frau. Schon der Zug kann Symbolcharakter haben, vor allem in der Lyrik und in den pragmatischen Dichtungsgattungen häufig dann, wenn er leit- oder kehrmotivisch verwendet wird, wie in den vielen leitmotivischen Zitaten bei Heinrich Böll. Ebenso kann das Motiv Symbolcharakter haben, wenn die bildhafte Situation symbolisch für das Gesamt des Stoffes wird. Die langsame Steigerung eines lyrischen Motivs zum Symbol hat Wolfgang Kayser an C. F. Meyers Gedicht »Zwei Segel« nachgewiesen. Der Stoff erhält seine Symbolkraft weniger aus sich selbst als durch eine Tradition, die ihn dem Publikum in religiöser, nationaler oder allgemein menschlicher Hinsicht ›sinnbildlich‹ gemacht hat. Von Anfang an sinnbildlich konzipiert ist z. B. der Pandora-Stoff oder der Jedermann-Stoff, sinnbildlich durch Tradition war bereits für Klopstock und dann für alle späteren deutschen Bearbeiter der Arminius-Stoff; der Adam-Stoff wurde im Laufe der Dichtungsgeschichte sinnbildlich für das Schicksal des Menschen überhaupt, der Ahasver-Stoff symbolisierte im 19. Jahrhundert den Menschen an sich, und in neuester Dichtung ist sogar der Schelm Eulenspiegel zu einer tragischen Symbolgestalt geworden. Unter Goethes Händen gewann der Faust-Stoff symbolischen Charakter. Welche spezifische poetische Qualität und Funktion ein stofflicher Bestandteil in einer Dichtung einnimmt, ist niemals a priori, sondern immer nur von Fall zu Fall und aus dem Kontext zu bestimmen.

# Möglichkeiten und bisherige Ergebnisse der Stoff-, Motiv- und Symbolforschung

Stoff, Motiv und Symbol werden zu den Grundbegriffen der Analyse und Interpretation eines dichterischen Kunstwerks gerechnet, und ihre Erforschung dient sowohl der Ergründung der dichterischen Psyche wie der Literaturgeschichte und Poetik. Dabei ist für die Forschung entscheidend, daß alle drei Phänomene, Stoff und Motiv noch stärker als das Symbol, nicht in der Vereinzelung und Einmaligkeit als Bestandteile eines speziellen Kunstwerkes zu betrachten sind, sondern als Glieder einer historischen Kette, eines Traditionsstromes. Wenn von Stofforschung die Rede ist, so wird Stoffgeschichte gemeint. Die Untersuchung einer nur einmal verwendeten stofflichen Vorlage, d. h. etwaiger lebender Vorbilder, z. B. für »Effi Briest«, ist eine Aufgabe der Biographie und der Quellenforschung. Das Interesse der Stoffgeschichte liegt dagegen bei den Stoffen, die wie Amphitryon, Iphigenie, Faust, Don Juan, wiederholt behandelt worden sind. Schon Lessing erkannte in Stoffen und Motiven das sinnfälligste Tertium comparationis und gelangte durch Gegenüberstellung stoff- und motivgleicher Werke zu den einprägsamsten Erkenntnissen über Dichtung. Der Vergleich von verschiedenen Fassungen der gleichen Stoffe, Motive und Symbole rückt Goethe neben Euripides, Kleist neben Molière und Plautus, Grabbe neben Goethe und Marlowe, Shaw neben Lord Byron, da Ponte und Tirso de Molina. Motive wandern vom Märchen ins Lustspiel und in die Novelle und passen sich dem jeweiligen Gattungscharakter an. Gerade die Auseinandersetzung mit der psychoanalytischen Symbollehre zwingt zum Vergleich moderner dichterischer Symbole mit denen archaischer Mythen. Wie die Stoff- und Motivgeschichte, besonders auf dem Gebiet der Volksliteratur, zeitlich in frühe Epochen zurückzugreifen sucht, so kann sie sich auch nicht im Rahmen der nationalen Literaturgeschichte halten, denn die Wanderung von Stoffen und Motiven sowie das Vorkommen von Symbolen ist nicht durch volksmäßige Grenzen eingeengt. Stoff- und Motivgeschichte ist daher vorwiegend eine Domäne der vergleichenden Literaturgeschichte, sofern man diese als Methode des Vergleichs zwischen literarischen Denkmalen überhaupt und nicht ausschließlich, wie die französischen und einige deutsche Komparatisten, als Vergleich von Werken verschiedener nationaler Zugehörigkeit versteht; die osteuropäische Komparatistik unterscheidet zwischen innerliterarischem und interliterarischem Vergleich.

Die Kritik, die an der älteren Stoffgeschichte geübt worden ist, hat allerdings dazu geführt, daß man Stoffgeschichte nicht historisierend um ihrer selbst willen treibt und von dem registrierenden Feststellen von Abhängigkeiten und Übernahmen als einer bloßen »Stoffhuberei« abgerückt ist. Zwar treten in der Stoffgeschichte, wie *Kayser* (S. 61) vermerkte, die einzelnen Werke nicht als eigene, in sich geschlossene Kunstwerke vor das Auge, sondern nur jeweils die Bestandteile, die für das untersuchte stoffgeschichtliche Problem von Interesse sind. Daß aber hinter dem untersuchten Stoffkomplex sowohl das Gesamt des Kunstwerks wie die größeren geistigen Zusammenhänge sichtbar bleiben, ist eine Frage des Qualitätsgrades der Methode. Eine stoffgeschichtliche Untersuchung darf kein Katalog von Übereinstimmungen und Abweichungen sein, sondern soll Grund und Ziel von Gleichheiten und Änderungen deuten, um das Wesen des Stoffes wie das seines Bearbeiters deutlich zu machen. Außerdem kann die Geschichte eines bestimmten Stoffes, Motivs oder Symbols sehr wohl so angelegt werden, daß sie der Erhellung eines einzigen, sie krönenden Kunstwerks wie etwa Corneilles »Cid« oder Schillers »Don Karlos« oder einer Ode Hölderlins dient. Der Gegenstand der Stoffgeschichte ist so in keinem Falle ein außerliterarischer.

### *Das Verhältnis des Dichters zu Stoff, Motiv, Symbol*

Die Sorge neuerer Dichter um einen originalen Stoff war manchen älteren Epochen unbekannt. Jahrhunderte und Nationen mit einem im allgemeinen Bewußtsein wirksamen Mythus und Sittengesetz und einem daran erwachsenen künstlerischen Empfinden erprobten ihren dichterischen Aussagewillen an einer verhältnismäßig kleinen Zahl von Stoffen. So holte das griechische Drama seine Stoffe aus den großen epischen Zyklen um Troja und Theben. Das Mittelalter ist die große Zeit einer gebundenen und durch das Dogma vorgeordneten Symbolik. Das mittelalterliche europäische Theater variierte fast ausschließlich das Thema vom Leben und Leiden Christi und der Heiligen, und seine Wirkung entsprang der immer neuartigen theatralischen Übermittlung eines religiösen Erlebnisses. Außerdem war auch die Interpretation des Stoffes vorgegeben: gewisse Gestalten und Ereignisse des Alten Testaments waren durch die typologische Bibelexegese in ihrer Bedeutung festgelegt und nur als »Figuren« neutestamentlicher Personen und Geschehnisse darstellbar. Die sich aus erbaulichen Absichten und solchen der Abschreckung schon seit dem 7. Jahrhundert (Beda) um das Motiv des Unterweltsbesuchs kristallisierende Gattung der Jenseits-Visio, bei der ein aus dem Jenseits Zurückgekehrter über seine Eindrücke in Hölle, Fegefeuer und Himmel berichtet und die sich später auch zur Aufgabe machte, die Höllenstrafen politischer Gegner zu schildern, fand ihre Krönung in *Dantes* »Göttlicher Komödie«, die über Abschrekkung und Satire hinaus durch ein auf genauer Kenntnis des Dogmas und seiner Versinnbildlichungen beruhendes Symbolgebäude die Verdeutlichung des göttlichen Heilsplanes anstrebte. Auch noch für das Fastnachtspiel des Spätmittelalters hat *Eckehard Catholy* eine Neigung des Publikums zum vertrauten Stoff festgestellt. Die dichterischen Vertreter des Minnesangs oder der petrarkistischen Lyrik gaben nicht subjektive Bekenntnisse, sondern wandelten immer wieder das gleiche Grundthema einer die Frau verherrlichenden und nie zur Erfüllung gelangenden Liebe ab. Die Barocklyrik als »Höhepunkt und Endpunkt der Traditionsdichtung« *(Adelheid Beckmann)*, in der die Inventio hinter der Imitatio zurücktritt, drückte sogar Erlebtes durch überkommene Motive aus, die zwar von den einzelnen Autoren und Nationen jeweils variiert wurden, aber doch den Eindruck eines internationalen poetischen Gemeinguts entstehen lassen. Auch das Elisabethanische Theater Englands hat gewisse beliebte Stoffe immer wieder auf der Bühne erprobt. Nicht nur Shakespeares Werke haben oft mehrere stoffliche Vorgänger, sondern auch die nachshakespeareschen Dramatiker begnügten sich nicht mit dem Vorgefundenen, sondern glaubten das Werk des Großen umarbeiten zu dürfen.

Dieser Grundsatz früherer Epochen muß im Auge behalten werden, wenn man die stoffliche Unoriginalität so mancher großer Dichter, vor allem des Mittelalters, feststellt. Sie hat die am Originalitätsbegriff des Sturm und Drangs und der neueren Erlebnisdichtung geschulte Literaturwissenschaft des ausgehenden 19. Jahrhunderts zu Fehlurteilen veranlaßt, die sich bis zum Verdacht des Plagiats gegen Shakespeare und Lessing verstiegen, und noch Hofmannsthal, der bewußt auf schon bearbeitete Stoffe zurückgriff und eine »gewisse zeitlose europäische Mythologie« als gegeben ansah, mußte sich wegen seines »Marschall von Bassompierre« gegen den Vorwurf eines Plagiats an Goethe verteidigen.

Die Macht der Stofftradition ist für den Dichter ein Prüfstein seines Talents, das sich am Wie des Gestaltens und nicht am Was des Fabulierens erweist. Für das Publikum ist sie ein Prüfstein des Geschmacks, denn der Reiz der Unterhaltung und Spannung fällt bei schon bekannten Stoffen weg, und der Genuß liegt allein im Auskosten der künstlerischen Nuancen. Es ist bezeichnend, wie viele Werke von höchstem künstlerischen Rang einen bereits vorgeprägten Stoff haben, wie wenige eine frei erfundene Fabel. Diese wenigen sind dann meist Werke, die zeiterfüllenden Charakter tragen und in denen Zeittypisches auf die letzte Formel gebracht wurde: »Don Quijote«, »Simplicissimus«, »Robinson Crusoe«, »Werther«. Solche Werke haben wegen ihres zeittypischen Charakters keine eigentliche Stoffgeschichte entwickelt, sondern nur Nachahmungen im Gefolge gehabt, die viele Einzelzüge der Vorlage, die Personen und ihre Verknüpfung, die Situationen und das Handlungsschema kopierten. An ihnen sind nicht der Plot und nicht so sehr das Problem interessant, sondern der Typus Mensch, der für die Nachwelt, abstrahierte sie ihn von milieu- und zeitbezogenem Detail, Symbolcharakter erhalten konnte. Die für die »Nachahmungen« festgestellte stereotype Motivik gilt auch für ganze Epochen künstlerischen Verfalls und für die einen gewissen Stoffhunger befriedigende Trivialliteratur.

*Literatur:*


*Erich Auerbach:* Typologische Motive in der mittelalterlichen Literatur, 1953.

*Eckehard Catholy:* Das Fastnachtspiel des Spätmittelalters, 1961.

*Adelheid Beckmann:* Motive und Formen der deutschen Lyrik des 17. Jhs u. ihre Entsprechungen in der französischen Lyrik seit Ronsard, 1960, S. 133 ff.

Für Einzeluntersuchungen vgl. die entsprechenden Artikel in: *Elisabeth Frenzel:* Stoffe der Weltliteratur, 41976.


## *Topik – Motivkonstanz – Routinemäßige Motivübernahme und Absinken von Motiven*

Die Einsicht in die Traditionsgebundenheit der älteren abendländischen Literatur ist durch die Toposforschung vertieft und verbreitet worden. Zahlreiche poetische Motive, die moderner Deutung als Ausdruck oder Ergebnis einer Impression oder eines »Erlebnisses« erscheinen könnten, beruhen auf Nachahmung, auf rhetorischer und stilistischer Schulung. Die Gebundenheit an die Autorität der Vorbilder erstreckt sich bis auf die Übernahme kleinster Stoffteilchen. Nur die genaue Überprüfung der Motive auf Parallelen bei anderen Schriftstellern, vor allem früherer Epochen, kann zur Feststellung dessen führen, was wirklich original ist. Die Liebesbeziehung Boccaccios zu der als Fiametta besungenen Dame ist nicht zuletzt dadurch als Fiktion enträtselt worden, daß die erste Begegnung der Liebenden als ein auf Petrarca, Seneca, Ovid und Euripides zurückgehendes literarisches Klischee und die scheinbar autobiographischen Details als Variationen von Prologtopoi erkannt wurden. Auch nach der Zerstörung des Traditionsgefüges im 18. Jh. haben sich gewisse Motive mit merkwürdiger Konstanz erhalten. Das an eine »Penthesilea«-Stelle anklingende Zitat in Kleists Brief an Goethe »auf den ›Knieen meines Herzens‹« ist ebenso ein Topos wie die letztlich von Horaz herrührende kontrastierende Metapher Palast – Hütte, die ihre Brisanz noch in Büchners »Hessischem Landboten« bewährte.

›Motivkonstanz‹, eine Bezeichnung, die wohl besser auf diese Erscheinung von lange beständig bleibenden Motiven, als, wie *Krogmann* vorschlägt, auf die bei einem bestimmten Dichter prävalenten Motive, angewandt wird, tritt dann ein, wenn ein Motiv einer zeitlosen menschlichen Grundvorstellung entspricht wie das Motiv des Inseldaseins mit seinen beiden Aspekten als Zuflucht und als Exil. Die Konstanz eines Typus kann sich jedoch auch gegen die Realität durchsetzen. So regenerierte sich das Einsiedler-Motiv, nachdem sein reales Vorbild von der Bühne des Lebens geschwunden war, etwa fünfhundert Jahre lang aus der literarischen Tradition. Die Gestalt des Bauern in der mittelalterlichen Literatur ist nicht als realistisches Abbild des zeitgenössischen Landmanns oder sozialkritisch zu werten, sondern sie muß vorwiegend als Sinnbild des Groben, Ungeschlachten, Einfältigen und als mimischer Typ verstanden werden. Es führt eine Linie vom Bauernbild der Troubadourlyrik um 1100 zu Neidhart, den Schwänken des späten Mittelalters und Wittenweilers »Ring« bis zu den stereotypen Bauern des Fastnachtspiels, die als komisch stilisierte Repräsentanten der Triebwelt fungieren. Daraus eine Bauernfeindschaft der bürgerlichen Verfasser des Fastnachtspiels zu konstruieren, hält die Forschung für verfehlt. Erstaunlich ist das Beharrungsvermögen da, wo das Motiv primär aus menschlichen Wunschvorstellungen entstand wie im Falle des Motivs vom weisen Narren oder der selbstlosen Kurtisane. Motivkonstanz zeigt sich auch im Zusammenhang mit dem soziologischen Absinken ganzer Literaturgattungen. Als Beispiel für eine Lyrik mit »kanonischem Motivbestand« kann der von *H. Pyritz* untersuchte Petrarkismus gelten. Die Glorifizierung der geliebten Frau, die zuerst bei den Troubadours auftauchte, vom Dolce stil nuovo übernommen und in Petrarcas »Canzoniere« zu höchster Entfaltung gebracht worden war, wurde bei den Nachahmern Petrarcas aus einer erlebten Bilderfülle zu einer Anzahl von Formeln, die durch wiederholten Gebrauch zwar etwas Schwebendes, Andeutendes, Esoterisches erhielten, aber dafür an Aussagesubstanz und Erlebnisqualität verloren. Selbst bei Paul Fleming behielten die übernommenen Motive »Versatzstückcharakter«. Theatralische Tradition pflegt die Konstanz literarischer Motive noch zu unterstützen. Das hängt mit der Gebundenheit an schauspielerische Rollenfächer und mimische Grundsituationen zusammen, die gerade das Unterhaltungsstück sich immer wieder zunutze macht. So hat *Moritz Enzinger* am Wiener Zauberstück und der Wiener Posse die leergelaufene Motivik des barocken Jesuitentheaters und der Barockoper aufgezeigt. Von dem ursprünglichen Streit der Götter untereinander oder Gottes mit dem Teufel ist der Streit der guten mit den bösen Geistern übriggeblieben, in Nestroys Posse »Lumpazivagabundus« z. B. die Wette zwischen der Fee Fortuna und dem bösen Geist Lumpazivagabundus. Götter- und Heiligenerscheinungen wandelten sich im Zauberstück zu Gespenstererscheinungen, die nun mit den gleichen Attributen versehen sind und auf die gleiche Weise in die Handlung eingreifen wie ehemals jene. Dieser Motivbestand konnte durch Raimund und Grillparzer mit neuen geistigen Impulsen versehen und zu frischem theatralischen Leben erweckt werden. Aus der um 1800 erfolgenden Rationalisierung des Schauerromans, der den Motivbestand des älteren Ritter-und-Räuber-Romans und dessen revolutionäres Kernthema übernahm, ging, unter Ausnutzung des gesamten Motivmechanismus, die Detektivliteratur hervor, nachdem Edgar Allan Poe diesem leeren Mechanismus durch die Gestalt des Detektivs und durch dessen Funktion als eines rationalistischen Entwirrers rätselhafter Ereignisse eine neue Zentralidee gegeben hatte.

Routinemäßige Motivübernahme kann bis zur Sinnlosigkeit und Entstellung von Motiven führen. Im arabischen Minnesang blieben auch nach der Verpflanzung der arabischen Dichtung auf spanischen Boden nunmehr sinnlos gewordene Motive aus dem Wüstenleben der Beduinenstämme bestehen. In König Markes Baumgarten in Cornwall wächst bei Gottfried von Straßburg ein Ölbaum: ein Relikt des alten griechischen Topos vom Locus amoenus. Das höfische »Nibelungenlied«, das einen makellosen Siegfried und seine durch keine frühere Bindung beschattete Liebe zu Kriemhild brauchte, ließ dennoch aus vorhöfischen Fassungen Motive stehen, die auf eine Beziehung zu Brünhild hindeuten. Geoffrey of Monmouth konnte bei der Schaffung seines mythischen Nationalhelden Merlin, den er zum Sohn einer bretonischen Königstochter und eines Incubus machte, Züge, die mit der literarischen Herkunft seines Helden zusammenhingen, und vor allem die Bemerkung »Merlin qui et Ambrosius dicebatur« nicht unterdrücken; er gab damit ungewollt den Blick auf seine Quellen frei, die die von Geoffrey an Merlin geknüpfte Fabel einem römischen Anführer der Bretonen namens Ambrosius anhefteten. Bis zu Goethes mittelalterlicher Faust-Szenerie hin spielen nach dem Vorbild der rührseligen Romane Richardsons die Verführungsszenen von Romanen und Dramen des 18. Jahrhunderts in einem Gartenhäuschen.

Nicht immer bedingt die Übernahme bewährter Motive ihre Entleerung. Wenn Keller im »Grünen Heinrich« nach Wielands und Goethes Vorbild den Helden vor seiner dadurch gelangweilten Geliebten die Geschichte seiner Kindheit erzählen läßt, so erscheint das alte Motiv in jugendlicher Frische, und der Leser wird, kennt er die Vorbilder nicht, den Reiz des »Einfalls« genießen. Über der Macht der Tradition darf nicht vergessen werden, daß es eine Anzahl von Urmotiven gibt, die der ganzen Menschheit angehören und immer wieder neu erfindbar und erfüllbar sind, ihr Existieren in den verschiedensten Epochen und bei lokal weit voneinander getrennten Nationen also ›spontaner Entstehung‹ verdanken. Die Suche der Wissenschaft nach stofflicher und motivischer Abhängigkeit darf nicht zu einer Abwertung des dichterischen Schöpfungsprozesses führen, für den der Raum auch im Rahmen stofflicher Tradition immer noch groß genug bleibt. Angesichts der verschiedenen Ursprungstheorien des Minnesangs hat *Theodor Frings* davor gewarnt, über dieser Ahnenforschung das lebendige Kind zu vergessen; ihm sind der berühmte ›Natureingang‹ der Minnelyrik und andere Motive nicht ein Produkt der Motivübertragung, sondern die Spiegelung einer ewigen Situation.

*Literatur:*

*Topik:*

*Ernst Robert Curtius:* Europäische Literatur und lateinisches Mittelalter, 71969.

*Walter Veit:* Toposforschung. Ein Forschungsbericht, in: DVjs. 37, 1963, S. 120–163. – *Ders.:* ›Topics‹ in Comparative Literature, in: Jadavpur Journal of Comparative Literature 5, 1966, S. 39–55.
*Bernhard König:* Die Begegnung im Tempel. Abwandlungen eines literarischen Motivs in den Werken Boccaccios, 1960.
*Motivkonstanz:*
*Wolfgang Kayser:* Das sprachliche Kunstwerk, $^{7}$1962, S. 74–75; $^{14}$1969. (Zur Konstanz eines lyrischen Motivs.)
*Fritz Martini:* Das Bauerntum im deutschen Schrifttum von den Anfängen bis zum 16. Jh., 1944. – *A. L. Stiefel:* Ein Fastnachtsspiel des Hans Folz und seine Quelle, in: AfnSpr. 90, 1893, S. 1 bis 12; vgl. auch *Eckehard Catholy:* Das Fastnachtspiel des Spätmittelalters, 1961.
*Hans Pyritz:* Paul Flemings deutsche Liebeslyrik, 1932.
*Moritz Enzinger:* Die Entwicklung des Wiener Theaters vom 16. zum 19. Jh (Stoffe u. Motive), Teil 1. 2. 1918–1919.
*Hellmuth Petriconi:* Die verführte Unschuld. Bemerkungen über ein literarisches Thema, 1953.
*Elisabeth Frenzel:* Kriminalgeschichte, in: RL 1, $^{2}$1958, S. 895–899.
*Lawrence Ecker:* Arabischer, provenzalischer und deutscher Minnesang. Eine motivgeschichtliche Untersuchung, 1934.
*Theodor Frings:* Minnesänger und Troubadours, 1949, S. 6.
Zu einzelnen Motiven vgl. auch die Artikel und bibliographischen Angaben in: *Elisabeth Frenzel:* Motive der Weltliteratur, 1976.

## *Stoffübernahme und Stoffveränderung*

Die individuelle Leistung des Dichters gegenüber der Macht der Tradition zeigt sich bereits in der Wahl des Stoffes und danach in dessen besonderer Gestaltung durch Änderung, Auslese und neue Verknüpfung der Motive. Die klassischen französischen Dramatiker, die in einer besonders starken und engen Tradition standen, sahen ihr Verdienst in den Verbesserungen, die sie an einem schon von einem Vorgänger bearbeiteten Stoff vornahmen, und hoben in den Vorreden ihrer Dramen solche Neuerungen hervor.

Die Frage des Verhältnisses eines Dichters zu seinem Stoff führt auf das Problem, worin denn der geheime Reiz der Stoffe bestehe, von denen sich die Dichter immer wieder angezogen gefühlt haben. Die alle Zeiten überdauernde Fruchtbarkeit der Stoffe der attischen Tragödie erklärt Käte Hamburger damit, »daß es hier zum ersten Male dichterische Gestaltung menschlicher Existenzproblematik gab und eben deshalb die Begebenheiten, die äußeren Situationen, an denen sie erschien, musterhaft geblieben sind«. Daß die schöpferisch fortzeugende Kraft dieser Stoffe durch die dramatische Form und ihre prägnante Herausarbeitung der Problematik unterstützt wurde, ist leicht einzusehen, sie aber einzig diesen gewiß großartigen Gestaltungen zuzuschreiben und Homers sowie anderer ›Homeriden‹ Erzählfassungen abzusprechen, verliert aus einer Reihe von Gründen an absoluter Einhelligkeit und alle Epochen umfassender Gültigkeit. Zunächst sind die Tragiker selbst durch erzählende Quellen inspiriert worden, und die Stoffgeschichte ihrer Dramen beginnt also eigentlich mit epischen Fassungen. Der sog. Troische Zyklus erwies, ähnlich wie der Thebanische Sagenkreis, seine fortzeugende Kraft während vieler Jahrhunderte, die, wie das Mittelalter, die Fassungen der griechischen Tragiker gar nicht kannten. Schließlich war den nur episch überlieferten Stoffen wie dem Odysseus-Stoff und dem Orpheus-Stoff ein ebenso reiches Nachleben beschieden wie den Dramenstoffen. Den zweifellos sehr fruchtbaren antiken Dramenstoffen haben Mittelalter und Neuzeit eine Anzahl ebenso trächtiger Konfliktsituationen an die Seite gestellt: das Geschick von Tristan und Isolde, Faust, Don Juan, Maria Stuart und Don Carlos hat in seiner Problematik in einem entsprechend kürzeren Zeitraum eine annähernd gleiche Zahl von bemerkenswerten Interpretationen erfahren.

Stoffe, die ihre Gültigkeit im Ablauf der Literatur bewährt haben, geben ein Rätsel auf, stellen eine Frage. In ihrem Kausalgefüge ist irgendwo eine Lücke, die von der Phantasie des Dichters ausgefüllt werden will. Ein Mordfall wie der Tod Abels oder Winckelmanns oder des unglücklichen Kaspar Hauser verlangt ebenso nach Erklärung wie das Rätsel einer großen, aber zwielichtigen Persönlichkeit, etwa Cäsars, Elisabeths von England oder Napoleons. Die großen Verräter der Geschichte wie Judas Ischariot oder Abtrünnige wie Julian Apostata zwingen zum Nachdenken über den Grund des Gesinnungswechsels. Über das Maß gewöhnlicher Menschen hinausreichend und darum schwer zu erklären sind Befreiungstaten wie die des Arminius, Wilhelm Tells, Jürg Jenatschs, der Jeanne d'Arc. Das frühe Verlöschen hoffnungsvoller Jünglinge wie Ottos III. und der Staufer Konradin und Enzio reizt ebenso zur Ausgestaltung ihres Schicksals wie der Aufstieg geheimnisvoller Gestalten aus der Masse des Volkes, so des Demetrius, des Falschen Waldemar, des Cagliostro, des Paracelsus und des Johann Faust. Der Streit zwischen Kreon und Antigone, Siegfried und Hagen, Hektor und Achill, Karl I. und Cromwell fordert die Dichter immer wieder zu neuen Urteilssprüchen auf.

Die Wahl des Stoffes und seine Wiederbelebung durch einen Dichter läßt sich häufig durch innere Verwandtschaft und durch eine verwandte geistige oder gefühlsmäßige Situation erklären. Grillparzer verarbeitete Lope de Vegas »Jüdin von Toledo« und Calderóns »Leben ein Traum«, Hofmannsthal den Jedermann-Stoff, Calderóns »Leben ein Traum« und »Großes Welttheater« und dramatisierte den von der Romantik entdeckten Stoff des Bergwerks von Falun. Schiller krönte die lange Tradition der Maria-Stuart-Dramen und der Tell-Schauspiele. Auch der Widerspruch zu einer früheren Fassung ruft nach Neugestaltung. Schillers »Jungfrau von Orleans« entsprang zum Teil der Abneigung gegen Voltaires »Pucelle«, Shaws »Saint Joan« wieder dem Gegensatz zu Schiller. Hebbel fühlte sich durch das Unzureichende der Törringschen »Agnes Bernauerin« zu seiner »Agnes Bernauer« veranlaßt. Thomas Manns Roman »Der Erwählte« verhält sich, bei aller bezeugten Neigung zur alten Quelle, aus historischem Abstand heraus parodistisch zu der frommen Legende vom »Gregorius« des Hartmann von Aue.

Es gibt eine Relation zwischen Dichter und Stoff, auf Grund deren ein bestimmter Stoff dem einen Dichter adäquat, dem anderen durchaus inadäquat sein kann. Mancher Dichter hat seine Kraft an einen ungemäßen Stoff verschwendet, was einerseits am Stoff liegen kann, wie die Geschichte des Konradin-Stoffes oder die von Paul Ernst nachgewiesene Geschichte eines Novellenstoffes beweist, andererseits an einem Mißgriff des Dichters in bezug auf die gattungsmäßigen Qualitäten des Stoffes; dies betrifft Tiecks Dramatisierung des epischen Fortunatus-Stoffes, Raupachs Versuch, die Tragik des Staufergeschlechtes in einem Dramenzyklus einzufangen, und Gerhart Hauptmanns neuromantische Dramatisierung des »Armen Heinrich«. Durch einen Vergleich der zwölf erfaßbaren Dramatisierungen des Stoffes von den ›Mordeltern‹ bzw. des Mordes am Sohn ist festgestellt worden, wie stark dieses Sujet mit seiner Enge die Autoren an selbständigen erweiternden Zutaten hinderte, wie sehr es den Bemühungen, seinen melodramatischen Grundcharakter ins Tragische zu überhöhen, widerstand und wie es sich trotz seiner Scheinnähe zum Ödipus-Stoff auch bei George Lillo und Albert Camus als ungeeignet für eine Erneuerung der Tragödie erwies. Es lassen sich außerdem spezifische Verhaltensweisen der Dichter gegenüber ihren Stoffen erkennen. Es gibt die von Keller als »Trüffelhunde« bezeichneten Autoren, die einen guten Stoff aufspüren, seiner jedoch nicht Herr werden, aber späteren Bearbeitern damit einen wichtigen Fingerzeig geben. Zu ihnen zählen in Deutschland Herder, Tieck, Fouqué und vor allem Otto Ludwig, der eine Fülle bedeutender Stoffe zerdachte, ausprobierte und seine Versuche als Torsi hinterließ. Zu den eigenwilligsten Behandlern von überkommenen Stoffen gehört ohne Zweifel Achim von Arnim, der den Graf-von-Gleichen-Stoff in dem Schauspiel »Die Gleichen« und den Cardenio-und-Celinde-Stoff in »Halle und Jerusalem« bis zur Entstellung mit anderen Stoffen und stoff-fremden Motiven vermengte. Zu den klugen Filtrierern von Stoffen muß man Schiller, Grillparzer und Hugo von Hofmannsthal rechnen, während Goethe, Kleist und auch Richard Wagner zu den genialen Motivverknüpfern, den Umgestaltern von Stoffen, gehören.

Die Motivverknüpfung, d. h. Neudeutung und Umorganisation von Stoffen, bekundet am deutlichsten die Eigenart des Dichters. Richard Wagner vollzog eine geniale Verschmelzung der Tannhäusersage und ihres Venusberg- und Stabwunder-Motivs mit dem Heinrich-von-Ofterdingen-Stoff und seinem Sängerkrieg-Motiv; in beiden Stoffen ermöglicht ein Pakt mit teuflischen Mächten erotische Verführung, in beiden stehen auf der Gegenseite eine geliebte Frau und ein Freund, der diese gleiche Frau liebt. Durch den Sängerstreit erhielt die Gestalt Tannhäusers Gelegenheit, in ihrem Beruf als Künstler zur Wirkung zu kommen, und zugleich konnte der Zauber historischer Figuren und des Lokalkolorits entwickelt werden. Schließlich verknüpfte Wagner diesen Komplex mit der Gestalt der heiligen Elisabeth, die bis dahin nur in loser Beziehung zum Heinrich-von-Ofterdingen-Stoff gestanden hatte. Ähnlich zog schon ein unbekannter vorshakespearischer Dramatiker die Sagenüberlieferung um das leichtsinnige Jugendleben Heinrichs V. und die um seinen Gegner, den als Ketzer hingerichteten und als Märtyrer verehrten Sir John Oldcastle, zusammen und schuf so die Grundlage für Shakespeares Prinzen Heinz sowie dessen unsterblichen Kumpan Falstaff. Philipp von Zesen gab dem Joseph-in-Ägypten-Stoff in seinem Roman »Assenat« durch Zufügung einer Anzahl neuer Motive den Charakter einer höfischen Legende, in der Glanz, Glück und Vergänglichkeit der diesseitigen Welt als großes Schauspiel aufgefaßt sind. Friedrich von Spee funktionierte die bukolischen Motive der Schäferdichtung ins Geistliche um, indem er sie unter einen neuen Gesichtspunkt – die mystische Liebe des Menschen zu Christus – stellte und zu einer Einheit verband; die weltliche Lyrik hatte das Ritzen von geliebten Namen in die Rinde der Bäume als häufiges Motiv verwandt, Spee begnügte sich mit den verwendbaren Teilen des Motivs, und so weinen bei ihm die Bäume »gelbe Zähren« über den Tod des Heilands. Henrik Ibsen verwandelte Bilder aus dem gegen die Mächte des Vergangenen gerichteten Metaphernschatz des jungdeutschen Journalismus in dramatisch und szenisch eingesetzte Dämonen: die »Gespenster« der Vergangenheit sind »Gengangere«, Wiederkehrer, die durch Vererbung in den Nachkommen weiterleben, Peer Gynt muß vergangene Schuld wie eine Leiche auf dem Rücken mit sich schleppen, und sie stellt sich ihm als »Der große Krumme« oder als »Die Grüne« in den Weg, Vampire der Erinnerung lähmen in »Rosmersholm« die Willenskraft der Handelnden, und Lebende werden in »John Gabriel Borkman« zu seelischen Mumien.

Schöpferische Motivverknüpfung vollzieht sich jedoch häufig auch in einer Art von geistigem Niemandsland. Ein zeitgenössischer Bericht liefert nüchterne, manchmal sogar unzusammenhängende Fakten eines Ereignisses, und hundert Jahre später bringt eine andere Chronik die kausale Verknüpfung dieser Fakten. So verdichteten sich die dürftigen Berichte über den Sturz und Tod des byzantinischen Feldherrn Belisar im Laufe von rund fünf Jahrhunderten zu der Legende, daß Belisar auf Befehl seines Herrschers Justinian geblendet worden sei und, seines Vermögens beraubt, als Bettler auf einem Platz in Byzanz habe sitzen und Münzen von den Vorübergehenden erbetteln müssen; die auf diese Weise ausgestaltete und zum symbolischen Exemplum für den Sturz eines Mächtigen überhöhte Lebensgeschichte Belisars gelangte in der Renaissance nach Italien, wurde als historische Wahrheit aufgefaßt und diente zahlreichen Dichtungen als Stoff. Die spanischen Versionen über den Tod des Infanten Don Carlos kennen das Motiv der Liebe zwischen Sohn und Stiefmutter sowie das der Eifersucht des Königs und seiner Rache nicht. Der Ausgangspunkt dieses dann in der französischen Literatur ausgestalteten, von Saint-Réal in einem Roman breit ausgesponnenen und von Schiller übernommenen Motivs dürfte eine Veröffentlichung des feindlichen Wilhelm von Oranien gewesen sein, der Philipp anklagte, er habe die eigene Frau und den Sohn getötet, weil er Anna von Österreich, die bereits mit Carlos verlobt war, habe heiraten wollen. Die Liebesgeschichte zwischen Heinrich II. von England und Rosamunde de Clifford im 12. Jahrhundert wurde bis zum Anfang des 16. Jahrhunderts in englischen

Chroniken ohne irgendeine Beziehung zu der Gemahlin Heinrichs, Eleonore von Aquitanien, berichtet. Nur in einer französischen Chronik aus der Mitte des 14. Jahrhunderts erscheint Eleonore als Mörderin Rosamundes. Hier hatte die Sage jenen kausalen Zusammenhang zwischen Rosamundes frühem Tod und der – historisch davon ganz unabhängigen – Gefangensetzung der Königin durch den König hergestellt, der künftig dem Stoff als entscheidendes Motiv erhalten bleiben sollte. Dantes Impression um Francesca da Rimini und Paolo, sein Mitgefühl mit den Liebenden und sein Verschweigen der Vorgänge, die zu ihrer Ermordung führten, lockten Deutung und Stoffbildung hervor. Ob Leistung eines genialen Dichters oder ob Resultat der Phantasietätigkeit anonymer Schichten – am Problem der Motivverknüpfung offenbart sich der Forschung eines der Geheimnisse des Schöpfertums, ohne sich ihr wiederum völlig preiszugeben.

*Literatur:*

*Einzeluntersuchungen:*

*Käte Hamburger:* Von Sophokles zu Sartre. Griechische Dramenfiguren antik und modern, 1962, [4]1968.

*Mireille Frauenrath:* Le Fils assassiné. L'Influence d'un sujet donné sur la structure dramatique, 1974.

*Wolfgang Nowak:* Versuch einer motivischen Analyse des Schäferhabits bei Friedrich von Spee, Diss. FU Berlin 1954.

*Paul Ernst:* Ein Novellenstoff, in: *P. E.*, Weg zur Form, [3]1928, S. 278–290.

*Kurt Wais:* Henrik Ibsen und das Problem des Vergangenen, 1931. – *Ders.:* Das Motiv des Vergangenen in der neueren Literatur, in: DVjs. X, 1932, S. 270–334. – *Ders.:* Henrik Ibsens Sinnbilder und die Krise seines Jahrhunderts, in: *K. W.*, An den Grenzen der Nationalliteraturen, 1958, S. 237–258.

Vgl. auch die entsprechenden Artikel und bibliographischen Angaben in: *Elisabeth Frenzel:* Stoffe der Weltliteratur, [4]1976.

## *Prävalenz bestimmter Motive und Symbole bei einzelnen Autoren*

Der nicht selbst erfundene, sondern übernommene Stoff ist zunächst ein fremdes Element. Hölderlin empfand in ihm einen »Gegensatz«, der zunächst der poetischen Beschränkung widerstrebe, aber gerade durch diese Gegensätzlichkeit für den Dichter »in Rücksicht auf die dichterische Erfüllung« ein »Sporn« sei; dennoch liege in dem richtig gewählten Stoff eine »Receptivität für das poetische Geschäft«.

Den Kontakt zwischen Dichter und Stoff führt meist ein der inneren Stimmung des Dichters entgegenkommendes Grundmotiv herbei. Diese innere Verwandtschaft mit fremden Schicksalen kann sich auch auf eine ganze Anzahl verschiedener Stoffe ausdehnen, zwischen denen der Dichter zu gewissen Zeitpunkten seiner Entwicklung schwankt. Es handelt sich in solchen Fällen um Motivgleichheit, die diese Stoffe sowohl mit dem Dichter wie untereinander verbindet. Das titanische Motiv als movierende Kraft ließ in dem jungen Goethe nebeneinander die Pläne zu Faust-, Mahomet- und Prometheusdramen entstehen, Schiller verwirklichte die Gestaltung des Kronprätendenten-Motivs nicht an dem zunächst geplanten »Warbeck«, sondern am Demetrius-Stoff, Otto Ludwig bog sogar den Agnes-Bernauer-Stoff durch Einführung eines intrigierenden Nebenbuhlers im Sinne des von ihm gleichzeitig durchdachten Genovefa-Stoffes um. Hier ist tatsächlich die Prävalenz eines Motivs in den Werken eines Dichters ein Indiz für eine bestimmte den Dichter lebenslang oder doch für eine gewisse Zeitspanne erfüllende Problematik und gibt daher die Möglichkeit zur psychologischen Ausdeutung von Motiven und Symbolen. Motiv und Symbol sind für die psychologische Ausdeutbarkeit nahezu gleichwertig. Das Motiv ist Ausdruck eines Problems oder einer Situation, die es für den Dichter zu lösen gilt, die Symbole sind Inbegriff von Mächten und Kräften, die in dieser Situation eine Rolle spielen.

So läßt sich die Prävalenz des Motivs von der selbstlosen Kurtisane bei Restif de la Bretonne und das der dämonischen Verführerin im Werk Gerhart Hauptmanns unschwer auf einschneidende Erfahrungen der Autoren zurückführen. *Krogmann* konnte an Hand der Prävalenz (er verwendet hier – wie bereits erwähnt – den Begriff ›Konstanz‹) des Motivs von dem Verführer und der Verführten belegen, wie stark und lange Goethe unter dem Eindruck des Friederiken-Erlebnisses stand. Von 1771 bis 1776 brachte Goethe keine einzige größere Schöpfung hervor, ohne in ihr dieses Motiv zu verarbeiten, während das dem Wetzlar-Erlebnis entstammende Motiv der Frau zwischen zwei Männern sich nur im »Werther«, in »Claudine von Villa Bella« und im »Egmont« findet. *Rosteutschers* über Krogmann hinausgehender und bei allen ›wahren‹ Dichtern eigentlich nur ein einziges Urmotiv annehmender Versuch, die Dominanz des Friederiken-Erlebnisses auch auf »Proserpina«, »Pandora« und die Helena-Partien im »Faust« auszudehnen, wirkt allerdings weniger überzeugend. Abgesehen von solchen ausgesprochen erlebnismäßig und psychologisch verankerten Motiven läßt sich in Goethes Werk eine Reihe von Vorstellungen erkennen, die sich im Laufe seines langen Lebens und Schaffens von nebensächlichen Zügen zu symbolischen Motiven entwickelten. Das Bild der Hütte, seit dem Sturm und Drang in Goethes Dichtung verwendet, steigert sich zum tragischen Symbol in der Philemon-und-Baucis-Episode des »Faust«; auch hier noch zeigt es allerdings seinen Zusammenhang mit dem traditionellen Topos Palast–Hütte. Ein gleichfalls räumlicher Begriff, der ›Gartenraum‹, nach »Dichtung und Wahrheit« ein Kindheitserlebnis im Haus am Hirschgraben, wird schon im »Werther« zum symbolischen Ort der Sehnsucht, dient in der »Novelle« als erschließendes Symbol der Bändigung des Chaotischen durch Zucht und Sitte und im Helena-Akt des »Faust« als Ort der Euphorion-Geburt, der sentimentalischen Erneuerung Griechenlands. Die Gestalt des Kentauren, schon in »Götter, Helden und Wieland« antirationalistisch aufgefaßt, wächst in der Figur des Chiron im »Faust« zum bedeutsamen Weisen und Vermittler der nordisch-antiken Vereinigung empor. Wilhelm Emrichs und anderer Wissenschaftler eingehende Untersuchungen haben für den späten Goethe ein ganzes Symbolgewebe festgestellt, das in der künstlerischen, naturwissenschaftlichen, kunsttheoretischen und geschichtlichen Vorstellungswelt des Dichters verankert ist, von dorther erhellt wird und diese zugleich erhellt. Die Symbole, durch die Goethe eine höhere Stufe dichterischer Aussage überhaupt erreichen und undurchdringliche Offenbarungen der Natur wiedergeben wollte, sind unter allen deutschen literarischen Erscheinungen ähnlicher Art am erschöpfendsten behandelt worden. Die Untersuchungen betreffen vor allem Goethes Symbolisierungen des poetischen Genius in doppelgeschlechtlichen, frühreifen und früh vergehenden Kinderfiguren wie Mignon, Euphorion, dem Knaben Lenker und anderen, die zur Deutung als mythische Archetypen geführt hatten (Danckert, Dornheim), was durch die neuesten Forschungen jedoch widerlegt wird (Emrich). Weiter handelt es sich um eine Reihe immer wieder auftauchender antinomisch gestalteter Grundsymbole wie Gold, Feuer, Granit, Schleier, Licht, Lebensquell, die entgegengesetzte Prinzipien symbolisieren. Am bezeichnendsten für die Symbolik Goethes ist das seit der »Natürlichen Tochter« oft wiederholte Symbol des ein Geheimnis bewahrenden Kästchens, das schließlich in »Wilhelm Meisters Wanderjahren« eine zentrale und den Sinn des ganzen Werkes erschließende Funktion erhielt. Leitende

Motive und ihre Aussagekraft für den Weg des Dichters lassen sich auch in Wilhelm Raabes erzählenden Werken feststellen: seine Motive zeigen innerhalb der einzelnen Lebensabschnitte eine gewisse Gleichheit, an der sich die Etappen von Raabes Weltanschauung dokumentieren und seine Entwicklung von der Gläubigkeit über den Pessimismus bis zu dessen Überwindung erkennen lassen. Die symbolischen Bilder der Stadt Paris im Werke Zolas lassen auf ein Grunderlebnis des Dichters schließen, und für Gerhart Hauptmann wurde schon früh die Gestalt des Prometheus, die der Luzifers und Christi zugleich benachbart schien, zum leitenden Symbol. Im Werke Gottfried Kellers entwickelte sich das malerische Motiv des Baumes in ähnlicher Weise zum Symbol des individuell geprägten Menschen (Theodor Wieser), wie die Höhlen- und Turm-Metaphern Shelleys wachsend beherrschenden Symbolcharakter annahmen. Carl Philipp Moritz schritt von der deskriptiven Psychologie seines »Anton Reiser« und dessen noch nicht voll entwickelter Symbolbildung zum »Stil der symbolischen Abbreviatur« seines »Andreas Hartknopf« fort. Moritz' Landschaftssymbole entwickeln sich aus den an gewisse optische Eindrücke sich knüpfenden seelischen Reaktionen; so symbolisieren die Stadttürme von Hannover die von Anton Reiser in dieser Stadt ausgestandenen Qualen, die märkische Landschaft steht sinnbildlich für die Melancholie Andreas Hartknopfs, das Symbol des Wanderers weist in beiden Romanen auf die Einsamkeit und Ruhelosigkeit des Helden hin. In der Lyrik C. F. Meyers lassen sich eine Anzahl symbolischer Motive feststellen, ›Liederseelen‹, deren Apperzeption in der Jugend des Dichters lag und die lange an verschiedenen Stoffen erprobt wurden, bis die Verschmelzung mit einem adäquaten Sujet gelang; das Motiv der weißen Blüten geriet erst in dem Gedicht »Wetterleuchten« an korrespondierende Motive und fand so eine ihm gemäße Darbietung. Die Entwicklung immer neuer Gedichte Meyers durch Aufspaltung, Absplitterung und Übertragung von Motiven bezeichnet *H. Henel* als Proliferation im strikt botanischen Sinne. Prävalente Symbole im bilderreichen Werk Marcel Prousts, dem die Wirklichkeit der Welt Abbild eines höheren, geistigen Gehalts war, sind die Laterna magica und das Aquarium. Beide Symbole sind gekennzeichnet durch ihre Trennung zweier Welten und zugleich ihre Transparenz, ihre Brechung der Wirklichkeit, die dem Betrachter aus dem Blickpunkt einer der beiden Welten ein jeweilig verwandeltes Bild der anderen ermöglichen.

Daß die dominierenden Motive und Symbole im Werk übersensibler, neurotischer Dichternaturen in die Nähe von Krankheitssymptomen und Komplexen im Sinne Freuds rücken, ist wiederholt geltend gemacht worden. Leitende Motive bei Gustav Meyrink – das des Erstickens, das der Blindheit und das Vampyr-Motiv – haben in ihrer Beharrlichkeit und der Expansionskraft, durch die sie sogar Meyrinks stilistische Figuren sowie seinen Sprachschatz bestimmen und eine Reihe von Vorgängen mit in ihren Bereich ziehen, die ursprünglich keine assoziative Beziehung zu ihnen besitzen, nach Auffassung Hans Sperbers etwas von Komplexvorstellungen. Mutter-Motiv und Muttersymbolik in der Dichtung Brentanos wurden mit der durch den frühen Tod von Brentanos Mutter gestörten und übersteigerten inneren Bindung an die Mutter erklärt (Rolf Nägele). Ähnlich scheint die Eros-Beziehung der Helden in Hermann Hesses Romanen durch das Symbol der »Urmutter« bestimmt (Heinz Werner Puppe); bei Hesse allerdings liegt eine bewußte Einbeziehung psychoanalytischer Symbole unter Einfluß Jungs vor. Die Wirkung ähnlicher Verluste, wie sie der junge Brentano erfuhr, untersuchte J. Rosteutscher am Lebenswerk verschiedener Dichter und führte die in ihren Dichtungen sich vollziehende Idolbildung auf jene einschneidenden Erlebnisse zurück: die Eurydike-Motivik des Novalis auf den Tod seiner Braut Sophie von Kühn, die Mädchengestalten E. T. A. Hoffmanns, die sowohl als Idol der Kunst und Schönheit wie als trügerisches Blendwerk erscheinen, auf des Dichters enttäuschendes Julia-Erlebnis, das narzißtische Führerideal Georges auf dessen Enttäuschung durch das weibliche Geschlecht und auf das Maximin-Erlebnis und Rilkes Motiv des unberührten toten Mädchens auf des Dichters jugendliche Selbstidentifikation mit seiner verstorbenen Schwester und die daraus entstandene Unfähigkeit zu echter Liebe. R. Mühlher sah sogar in den mehrfach auftauchenden negativen Bildern und Symbolen Georg Büchners, die Ausdruck seines »Wertnihilismus« seien, Parallelerscheinungen zu individuellen Symptomen »der Melancholie, ja der Schizophrenie« (S. 116), die einer solchen Weltsicht entsprächen. Hier sind wohl doch die Grenzen der psychologischen Ausdeutbarkeit prävalenter Motive überschritten. Es ist zwar einzuräumen, daß auch Büchners Briefe gelegentlich melancholische Verdüsterungen eines von großen Spannungen belasteten und ja noch jugendlich unsicheren Gemütes erkennen lassen und daß der Vergleich des Lebens mit einem Perrylusstier und des Menschen mit einer Marionette jene Erkenntnis vom »Fatalismus der Geschichte« spiegeln, die Büchner beim Studium der Geschichte der Französischen Revolution »zernichtete«. Aber die steigernde und vereinseitigende Projektion solcher bedrängenden Vorstellungen in die Charaktere seiner Dichtungen erlaubt keineswegs, bei Büchner selbst krankhafte Anlagen anzunehmen. Eine solche Interpretation übersieht sowohl die historisch-politische Konfliktsituation, in der der Dichter stand und die solche Bilder aufdrängte, wie die Tradition der Motive, in der Büchners Ausformung nur eine Etappe bildet. Das Marionetten-Gleichnis z. B. hat eine lange, bis auf Plato zurückreichende Tradition, es findet sich bereits in Büchners Quelle, J. S. Mercier, als Ausdruck des historischen Determinismus und wurde von dem Dichter nahezu wörtlich übernommen, wenn auch intensiviert und dem Helden Danton selbst in den Mund gelegt. Es hat somit einen zwar spezifisch Büchnerischen, aber doch auch der literarischen Tradition und der historisch-politischen Situation verpflichteten Charakter, der die psychologische Ausdeutbarkeit durchaus begrenzt.

*Literatur:*

*Dichter und Stoff:*

*Else Buddeberg:* Hölderlins Begriff der ›Receptivität des Stoffs‹, in: GRM 43, 1962, S. 170–193.

*Motive und Symbole Goethes:*

*Willy Krogmann:* Das Friederikenmotiv in den Dichtungen Goethes, 1932. – *Ders.:* Goethes Ringen mit Wetzlar, 1932. – *Peter Pfaff:* Das Glücksmotiv im Jugendwerk Goethes, 1965. – *Ernst Volkmann:* Gestalt und Wandel der Kentauren-Idee bei Goethe, in: Lebendiges Erbe, Festschrift ... Dr. Ernst Reclam, 1936, S. 123 bis 138. – *Helmut Rehder:* Das Symbol der Hütte bei Goethe, in: DVjs. 15, 1937, S. 403–423. – *Wilhelm Emrich:* Die Symbolik von »Faust II«, 1943, [2]1957. – *Ders.:* Das Problem der Symbolinterpretation im Hinblick auf Goethes »Wanderjahre«, in: DVjs. 26, 1952, S. 331–352. – *Alfredo Dornheim:* La »Mignon« de Goethe y el »Eco« de Thomas Mann, Mendoza 1950; dt.: Goethes ›Mignon‹ und Thomas Manns ›Echo‹, zwei Formen des ›göttlichen Kindes‹ im deutschen Roman, in: Euph. 46, 1952, S. 315 bis 347. – *André Gilg:* »Wilhelm Meisters Wanderjahre« und ihre Symbole, 1954. – *Joachim Rosteutscher:* Das ästhetische Idol im Werke von Winckelmann, Novalis, Hoffmann, Goethe, George und Rilke, 1956. – *Robert Mühlher:* Der Lebensquell. Bildsymbole in Goethes »Faust«, in: DVjs. 31, 1957, S. 38–69. – *Maurice Marache:* Le Symbole dans la pensée et l'œuvre de Goethe, 1960. – *Paul Böckmann:* Die Symbolik in der »Natürlichen Tochter« Goethes, in: Worte und Werte, Festschr. Bruno Markwardt, hrsg.

G. Erdmann u. A. Eichstaedt, 1961, S. 11–23. – *Eva Höllinger:* Das Motiv des Gartenraumes in Goethes Dichtung, in: DVjs. 35, 1961, S. 184–215. – *Walther Killy:* Wirklichkeit und Kunstcharakter. Über die »Wahlverwandtschaften« Goethes, in: Die neue Rundschau 72, 1961, S. 636–650, erneut in: *W. K.*, Wirklichkeit und Kunstcharakter, 1963, S. 19–35. – *Wolfgang Staroste:* Raumgestaltung und Raumsymbolik in Goethes »Wahlverwandtschaften«, in: Etudes Germaniques 16, 1961, S. 210–222. – *Friedrich Ohly:* Zum Kästchen in Goethes »Wanderjahren«, in: ZfdA 91, 1962, S. 255–262. – *Herman Meyer:* Hütte und Palast in der Dichtung des 18. Jhs, in: Formenwandel, Festschrift ... Paul Böckmann, 1964, S. 138–155. – *Jörn Göres:* Goethes Verhältnis zur Topik, in: Jb. Goethe 26, 1964, S. 144–180. – *Peter Schmidt:* Goethes Farbensymbolik. Untersuchungen zur Verwendung und Bedeutung der Farben in den Dichtungen und Schriften Goethes, 1965. – *Andrew O. Jaszi:* Symbolism and the Linguistic Paradox: Reflections on Goethe's World View, in: Literary Symbolism. A Symposium, hrsg. v. *H. Rehder*, Austin u. London 1965, S. 65–82.

*Motive und Symbole anderer Dichter:*

*August Langen:* Carl Philipp Moritz' Weg zur symbolischen Dichtung, in: ZfdPh. 81, 1962, S. 169–218 u. 402–440.

*Rolf Nägele:* Die Muttersymbolik bei Clemens Brentano, 1959 (zugleich Diss. Zürich 1959).

*William Butler Yeats:* The Philosophy of Shelley's Poetry, 1900, in: *W. B. Y.*, Essays and Introductions, London 1961, S. 65–95.

*Robert Mühlher:* Georg Büchner und die Mythologie des Nihilismus, in: *R. M.*, Dichtung der Krise, 1951, S. 97–145. – Zu Büchners Marionetten-Symbol vgl. auch: *Eleonore Rapp:* Die Marionette in der deutschen Dichtung vom Sturm und Drang bis zur Romantik. Diss. Leipzig 1924. – *Rudolf Majut:* Lebensbühne und Marionette. Ein Beitrag zur seelengeschichtlichen Entwicklung von der Geniezeit bis zum Biedermeier, 1931. – *Elisabeth Frenzel:* Mussets ›Lorenzaccio‹ – ein mögliches Vorbild für ›Dantons Tod‹, in: Euph. 58, 1964, S. 59–68.

*Theodor Wieser:* Das Baumsymbol bei Gottfried Keller, in: Euph. 54, 1960, S. 109–120.

*Renate Schäfer:* Fontanes Melusine-Motiv, in: Euph. 56, 1962, S. 69 bis 104. – *Vincent Joachim Günther:* Das Symbol im erzählerischen Werk Fontanes, 1967.

*Heinrich Henel:* The Poetry of Conrad Ferdinand Meyer, Madison 1954. – *Henry H. H. Remak:* Vinegar and Water: Allegory and Symbolism in the German Novelle between Keller and Bergengruen, in: Literary Symbolism. A Symposium, hrsg. v. *H. Rehder*, Austin u. London 1965, S. 33–62. – *Karl S. Guthke:* C. F. Meyers Kunstsymbolik, in: *K. S. G.*, Wege zur Literatur, 1967, S. 187 bis 204.

*Nikolaus Perquin:* Wilhelm Raabes Motive als Ausdruck seiner Weltanschauung, Amsterdam 1928.
*Robert Mühlher:* Prometheus-Luzifer. Das Bild des Menschen bei Gerhart Hauptmann, in: *R. M.*, Dichtung der Krise, 1951, S. 255 bis 290.
*Irma Tiedtke:* Symbole und Bilder im Werke Marcel Prousts, 1936.
*Hans Sperber:* Wort und Motiv bei Gustav Meyrink, in: *H. S.* u. *L. Spitzer:* Motiv und Wort, 1918.
*Heinz Werner Puppe:* Die soziologische und psychologische Symbolik im Prosawerk Hermann Hesses, Diss. Innsbruck 1959.
*Hartmut Binder:* Motiv und Gestaltung bei Franz Kafka, 1966.
Zu einzelnen Motiven vgl. auch die Artikel und bibliographischen Angaben in: *Elisabeth Frenzel:* Motive der Weltliteratur, 1976.

### *Beziehungen zwischen Nationalliteratur und Stoff, Motiv, Symbol*

Beziehungen wie die zwischen dem einzelnen Dichter und den stofflichen Elementen lassen sich auch für die größere Einheit der Nationalliteratur und ihre Verarbeitung von Stoffen, Motiven und Symbolen feststellen, wobei allerdings mit einem weniger geschlossenen Empfänger- und Schöpfermedium und mit den Eigenarten der beteiligten Personal- und Zeitstile zu rechnen ist. Hier sind besonders aus dem Vergleich der Behandlung von Stoffen, die von vielen europäischen Nationen rezipiert wurden, wichtige Aufschlüsse zu gewinnen.

So zeichnen sich nationale Eigenarten am berühmten Beispiel des Amphitryon-Stoffes, des trojanischen Sagenkreises und des thebanischen um Ödipus und Antigone deutlich ab. Die Vorliebe der Franzosen für den dialektischen Coriolan-Stoff, den Merope-Stoff oder den Mustapha-Stoff ist ebenso bezeichnend wie das geringe Interesse der deutschen Autoren an diesen Vorwürfen, die sich dagegen an dem aus Frankreich stammenden rührenden Genovefa-Stoff wiederholt versuchten. Interessante Rückschlüsse auf Geschmack und Vorliebe der Nationen läßt die Verwandlung der Helden der Karlssage auf italienischem Boden zu, besonders die Umwertung des Kriegshelden Roland der »Chanson de Roland«, in dessen Seele die Liebe zu der schönen Aude weit weniger Platz einnimmt als die Freundschaft mit Olivier, zu dem irrenden, von Karls Hof wegen einer Beleidigung fortgegangenen Ritter in Luigi Pulcis Epos »Morgante«, zu dem verliebten Höfling in Boiardos »Orlando innamorato« und schließlich zu dem aus Liebesgram und Eifersucht in Raserei verfallenden »Orlando furioso« des Ariost. Die

Persönlichkeit des Sultans Saladin fand in den westeuropäischen Literaturen des Mittelalters eine überraschende Spiegelung, der die Überzeugung zugrunde liegt, daß gewisse menschliche Werte nicht auf den christlichen Bereich beschränkt bleiben, sondern auch in der heidnischen Welt vorkommen. Diese Überzeugung nahm jedoch bei Spaniern, Italienern und Franzosen verschiedenen Ausdruck an: Italien sah in Saladin einen kühlen und kritischen, fast aufgeklärten Menschen, Frankreich prägte ihn zu einem Helden galanter Abenteuer um, in Kastilien wurde er zum Modell zuchtvollen ethischen Handelns. Die so im Romanischen geschaffene ideale Saladingestalt klingt noch in Lessings tolerantem Sultan nach. Auf Grund des spanischen Sittenkodex hat in der spanischen Literatur das Motiv der Gattenrache besonders starke Verarbeitung gefunden, und die Neigung zum Amoureusen, Pikanten führte in der französischen Literatur zu einer immer neuen Erprobung des Motivs der selbstlosen Kurtisane. Bezeichnende Sehweisen belegt auch der Vergleich bekannter Märchen in verschiedenen nationalen Abwandlungen. Sogar an den mittelalterlichen Osterspielen, die doch aus der den westeuropäischen Nationen gemeinsamen Osterliturgie erwuchsen, konnte *Helmut de Boor* interessante, auf der Verschiedenheit der Nationen beruhende Varianten feststellen. Die in Deutschland beheimateten, aus Visitatio, Magdalenenszene und Jüngerlauf bestehenden dreiszenigen lateinischen und dem Gottesdienst angehörigen Feiern haben die Salbenkrämer-Szene nicht. Diese stammt aus Frankreich, wo sie in den entscheidenden lateinischen Osterspielen auftaucht, die den Salbenkrämer als einen seine Ware anpreisenden Kaufmann mit der gleichen Realistik zeigen, mit der auch über den von Fäulnis bedrohten Leib des Herrn gesprochen wird. In den deutschsprachigen Osterspielen, die nach dem von Frankreich her eindringenden Vorbild gestaltet wurden, erscheinen diese Szenen nicht als theatralische Ausformung eines historischen Ereignisses, sondern als gottesdienstlicher Akt oder zumindest als ein würdiger Vorgang, in dem ausnehmend krasse Realismen gedämpft sind.

Gemeinsamkeit des Zeitgeistes dagegen kann die nationalen Unterschiede zurücktreten lassen. Eine Arbeit über »Motive und Formen der deutschen Lyrik des 17. Jahrhunderts und ihre Entsprechungen in der französischen Lyrik seit Ronsard« von *Adelheid Beckmann* jedenfalls betont die Gleichheit der lyrischen Motive, die in Deutschland nicht einfach nachgeahmt, sondern aus verwandtem Geist übernommen und weiterentwickelt worden seien; auf die – doch wohl auch vorhandene – Unterschiedlichkeit in der Behandlung dieser Motive durch die beiden Nationalliteraturen geht sie kaum ein.

Bei aller Vorsicht gegenüber der Vorstellung von »typischen« Kennzeichen eines Nationalgeschmackes kann doch gesagt werden, daß bei den Italienern die Liebesleidenschaft zur Dominante der meisten Stoffe wurde, die Franzosen gern das Moment der Eifersuchtsintrige einführten, die klassischen Spanier oft selbst die ernsthaftesten Fabeln in Verwechslungs- und Verkleidungsaffären auflösten, die Engländer politische Handlungsmomente unterstrichen und schauerliche sowie blutrünstige Ausgänge bevorzugten; in Deutschland hat die Herausarbeitung einer Moral oder einer tieferen Bedeutung manchen Stoff gehoben, manchen auch überfrachtet.

*Literatur:*

*Oskar Gareis:* Die dramatischen Bearbeitungen des Coriolan-Stoffes in Frankreich, Diss. Erlangen 1925.

*G. Hartmann:* Merope im italienischen und französischen Drama, 1892.

*Hansres Jacobi:* Amphitryon in Frankreich und Deutschland. Ein Beitrag zur vergleichenden Literaturgeschichte, Diss. Zürich 1952.

*Elisabeth Köchlin:* Wesenszüge des deutschen und französischen Volksmärchens. Eine vergleichende Märchenstudie zum Märchentypus von ›Amor und Psyche‹ und vom ›Tierbräutigam‹, Diss. Basel 1945.

*F. Th. A. Voigt:* Roland-Orlando dans l'épopée française et italienne, Leiden 1938 (zugleich Diss. Leiden 1938).

*Helmut de Boor:* Der Salbenkauf in den lateinischen Osterspielen des Mittelalters, in: Festgabe für L. L. Hammerich aus Anlaß seines siebzigsten Geburtstags, Kopenhagen 1962, S. 29–44.

*Américo Castro:* Die Figur des Sultans Saladin in den romanischen Literaturen, in: Diogenes 2, 1954/55, S. 831–859.

*August Streibich:* Mustapha und Zeangir, die beiden Söhne Solimans des Großen in Geschichte und Dichtung, Diss. Freiburg 1903. – *Arnold Lehmann,* Das Schicksal Mustaphas, des Sohnes Solimans II., in Geschichte und Literatur, Diss. München 1907.

*Adelheid Beckmann:* Motive und Formen der deutschen Lyrik des 17. Jhs und ihre Entsprechungen in der französischen Lyrik seit Ronsard. Ein Beitrag zur vergleichenden Literaturgeschichte, 1960.

Zu einzelnen Stoffen und Motiven vgl. auch die Artikel und bibliographischen Angaben in: *Elisabeth Frenzel:* Stoffe der Weltliteratur, [4]1976, und *dies.:* Motive der Weltliteratur, 1976.

## *Geistes- und sozialgeschichtliche Perspektiven des Forschungszweiges*

Stellt man als dritte gestalterische Kraft neben Person und Nation die Epoche, so ist auch sie in bezug auf die Behandlung von Stoffen, Motiven und Symbolen als gesetzmäßig auslesend nachweisbar.

### *Die Einheit der literarischen Generationen und Epochen*

Die Zusammenstellung der jeweils besonders wirksamen Stoffe, Motive und Symbole liefert einen wesentlichen Beitrag zur literarischen Periodisierung und zur Abgrenzung der literarischen Generationen. Die bevorzugten stofflichen Bausteine werden zu Erkennungsmerkmalen, die ein Werk oder einen Autor in eine bestimmte Epoche oder Gruppe einordnen lassen. *Julius Wiegand* hat eine ganze Literaturgeschichte darauf aufgebaut, daß er für jede Epoche die Hauptmotive angab.

Diese Gleichartigkeit der Thematik innerhalb einer Epoche ist auf eine ähnliche Einheitlichkeit der Grunderlebnisse und Sehnsüchte zurückzuführen wie die Prävalenz von Motiven in einer bestimmten Entwicklungsphase eines Dichters. Sie läßt die einzelnen Angehörigen einer Generation unabhängig voneinander zu den gleichen Problemen, Stoffen, Bildern und Symbolen greifen, wenn auch natürlich die führenden Köpfe oft Leitbilder aufstellen, die von den kleineren Geistern mehr oder weniger variiert übernommen werden. Besonders geschlossen wirken die Motive lyrischer Generationen: der Minnesänger, der Anakreontik, des Münchner Dichterkreises, des Symbolismus. Die deutsche Barocklyrik repräsentiert in ihren von Regnart und Schein bis zu Neukirchs Sammlung immer wieder variierten Motiven zwar das große Sammelbecken einer von der Antike über die Neulateiner und die nationalsprachige Lyrik der Nachbarländer führenden Tradition, verschmilzt aber die oft gegensätzlichen Überlieferungen zu einer unverkennbaren und sich gegen das 16. wie gegen das 18. Jahrhundert deutlich abhebenden Einheit. Das Grunderlebnis der Vanitas bestimmte nicht nur die zahlreichen Todesgedichte, sondern auch die Themen von Schein und Verirrung mit ihren Spiegel-, Echo-, Traum- und Visionsmotiven sowie dem zentralen Vergleich des Lebens mit dem Theater. Es gab auch der Liebeslyrik einen entscheidenden Aspekt und zwang die gegensätzlichen Liebeskonzeptionen des Neuplatonismus-Petrarkismus und des

Epikurismus in einen dialektischen Rhythmus, der häufig in Liebesabsage ausklingt. Die Stadt Rom mit dem für sie kennzeichnenden Motiv der Ruine, schon im Mittelalter Gegenstand elegischer Betrachtung, war im Barock von Du Bellay (»Antiquitez de Rome«, 1558) bis Hofmannswaldau (»Die allgemeine Vergänglichkeit«, 1681) ein Symbol der Vergänglichkeit. Aber auch Drama und Roman einer Generation sind an geschlossenen Motivkreisen kenntlich. So hat man als tragende Motive des Sturm und Drangs Titanentum, das Motiv der verfeindeten Brüder, das im Kindsmord gipfelnde Motiv vom Verführer und der Verführten sowie das Motiv des gerechten Räubers festgestellt. Auch lenkt der Zeitgeist die Dichter wiederholt zu den gleichen stofflichen Anknüpfungspunkten. Grimmelshausen, Zesen und J. Meier bearbeiteten in derselben Epoche die Fabel von Joseph in Ägypten, Hebbel, Melchior Meyr und Otto Ludwig den Agnes-Bernauer-Stoff, Schiller und Veit Weber im gleichen Jahr den Wilhelm-Tell-Stoff. Seit dem Expressionismus und dem ersten Versuch Hasenclevers jagen sich in der europäischen Literatur geradezu die Antigone-Dramen und debattieren das Recht des Staates und das des Individuums. Jedes Zeitalter schafft sich auch seine eigene Mythologie, d. h. es erhebt gewisse überlieferte Gestalten aus dem großen Stoffreservoir von Sage und Geschichte über ihre einmalige Bedeutung hinaus zu Symbolen der eigenen Existenz oder der selbsterfahrenen Schicksalsmächte. Als im späten 18. Jh. der Typ des Schwärmers und sein die Wirklichkeit überhöhender Enthusiasmus in die Literatur Einzug hielten, wurde Pygmalion zum Sinnbild einer durch Gefühlsintensität erreichten Weltbemächtigung. So schlug sich die weltanschauliche, menschliche und soziale Problematik der englischen Romantikergeneration in der dichterischen Verwendung des Empörers Prometheus nieder, in dem Byron, Shelley, Wordsworth, Keats und andere zeitgenössische englische Autoren das Symbol ihres zwiespältigen Daseins sahen. Weltschmerz und Nihilismus des mittleren 19. Jahrhunderts haben die zwar schon im Volksbuch symbolträchtige, aber in ganz anderen geistigen Bezügen stehende Gestalt Ahasvers zum Ausdruck der eigenen Verdammtheit und des Leidens am Leben gemacht; Erwähnungen in diesem Sinne finden sich bei Georg Büchner, und gleichzeitig ist der Stoff durch die Gestaltungen von J. von Zedlitz, L. Köhler, E. Quinet, Shelley, J. Mosen, W. Joukoffsky neu interpretiert worden. Eine ähnliche pessimistische Interpretation hat der Narziß-Mythus als Symbol der Selbstbespiegelung, des Lebensgeizes und des Egoismus im Zeitalter der Décadence erfahren. Die Gestalt Adams wurde im Laufe des 19. Jahrhunderts zum Symbol des Menschen überhaupt und in der amerikanischen Literatur speziell das des sich aus den Fesseln der europäischen Tradition befreienden Menschen der Neuen Welt. Die Stadt galt in der Lyrik des Impressionismus und Expressionismus als Dämon des Bösen und Symbol der Verlorenheit des Menschen, so etwa bei Hofmannsthal, Rilke, Verhaeren, Trakl, Heym, Stadler. Der Versuch zum Ausbruch aus der gewohnten Existenz und der Typ des Pikaro sind neben anderen bezeichnende Motive der deutschen erzählenden und dramatischen Literatur nach dem zweiten Weltkrieg.

*Literatur:*

*Adelheid Beckmann:* Motive und Formen der deutschen Lyrik des 17. Jhs und ihre Entsprechungen in der französischen Lyrik seit Ronsard, 1960. – Zur Korrektur des von *A. B.* nur im Querschnitt erfaßten Problems ›Romdichtung‹ vgl. die Längsschnitt-Darstellung von *Walther Rehm:* Europäische Romdichtung, 1960.

*Victor Lange:* Die Gestalt des Schwärmers im dt. Roman des 18. Jhs, in: Festschrift f. R. Alewyn, 1967, S. 151–164. – *Hermann Schlüter:* Das Pygmalion-Symbol bei Rousseau, Hamann, Schiller. Drei Studien zur Geistesgeschichte der Goethezeit, Zürich 1968.

*Christian Kreutz:* Das Prometheussymbol in der Dichtung der englischen Romantik, 1963. – *Raimond Trousson:* Le Thème de Prométhée dans la littérature européenne, 2 Bde, Genf 1964.

*Werner Zirus:* Ahasverus, der Ewige Jude, 1930. – *Robert Mühlher:* Georg Büchner und die Mythologie des Nihilismus, in: *R. M.*, Dichtung der Krise, 1951, S. 97–145 (zum Ahasver-Symbol). – *George K. Anderson:* The Legend of the Wandering Jew, Providence 1965.

*Heinz Mitlacher:* Die Entwicklung des Narzißbegriffs, in: GRM 21, 1933, S. 373–383. – *Robert Mühlher:* Narziß und der phantastische Realismus, in: *R. M.*, Dichtung der Krise, 1951, S. 407–540. – *Louise Vinge:* The Narcissus Theme in Western European Literature up to the Early 19th Century, Lund 1967.

*Richard Warrington Baldwin Lewis:* The American Adam. Innocence, Tragedy and Tradition in the Nineteenth Century, Chicago 1955.

*G. Guder:* The Town as Symbol in Some German Poems, in: Modern Languages 38, 1957, S. 132–139. – *Heinz Rölleke:* Die Stadt bei Stadler, Heym und Trakl, 1966.

Zu einzelnen Stoffen und Motiven vgl. auch die Artikel und bibliographischen Angaben in: *Elisabeth Frenzel:* Stoffe der Weltliteratur, ⁴1976, und *dies.:* Motive der Weltliteratur, 1976.

# *Stoffwandlungen und Motivmutation*

Während die Prävalenz eines Stoffes oder Motivs die Einheit einer Epoche erkennen läßt, kann man am Auftauchen und Versinken von Stoffen und Motiven die Ablösung einer Epoche durch die andere und den Wechsel in der Geisteshaltung ablesen. Die Spätantike ist gekennzeichnet durch eine fabulöse Verwässerung der älteren tragischen Stoffe, das Mittelalter assimilierte sie sich und stellte die Geschichten der Helden von Troja und Theben als Muster höfischen Verhaltens neben die selbstgeschaffenen großen zyklischen Stoffe um zentrale Idealgestalten der eigenen Vorzeit wie Dietrich von Bern, Artus, Karl den Großen. Die dichterische Ausgestaltung biblischer und christlicher Stoffe blieb im Mittelalter zwar weitgehend an die durch die Bibelexegese gegebene kirchliche Sinngebung gebunden, aber manche Legendengestalt wie Theophilus und Crescentia erfuhr doch durch künstlerische Aneignung ein über die legendäre Skizze weit hinausgehendes Eigenleben. Auch in der vollkommensten symbolischen Dichtung des Mittelalters, Dantes »Göttlicher Komödie«, gibt es neben der vorgeprägten, übernommenen und erarbeiteten Symbolik eine weitere, die allein dem Einfallsreichtum und der bildnerischen Phantasie des Autors entstammt, vor allem der kühne Einfall, mitten unter die mit typologischen Vorzeichen versehenen, bedeutungsschweren Begegnungsfiguren seiner Wanderung die eigene Jugendgeliebte Beatrice als Symbol göttlicher Offenbarung zu stellen. Der humanere Geist der Renaissance wurde nicht nur dadurch, daß er biblische Gestalten aus ihrer präfigurativen Bedeutung in Beispiele moralischen Verhaltens umfunktionierte, spürbar, sondern dadurch, daß er unvoreingenommen weltliches und geistliches sowie morgen- und abendländisches Erzählgut in polyhistorischen Büchern und Schwank- und Novellensammlungen zusammenfaßte, die den folgenden Jahrhunderten als Schatzkammer dienten; fast jede Geschichte eines europäischen Stoffes läßt hier den großen Umbruch spürbar werden. Das Barock mit seinen Gestaltungen von Macht und Leidenschaft hat seine Stoffe oft aus Quellen des 16. Jahrhunderts bezogen; phantasievoll und bedenkenlos prägte es überkommene Fabeln, vor allem auch orientalisch-biblische, um, schnitt die historisch überlieferten Personen nach galant-höfischem Muster zu oder rückte sie an den Rand und freierfundene Gestalten in den Mittelpunkt. Die Aufklärung war in der Verwendung alter Stoffe zurückhaltender, interessierte sich im wesentlichen für die Tugendmuster unter den antiken und biblischen Helden und wandte sich hauptsächlich selbstgefundenen, zeitgenössischen, realistisch-bürgerlichen Vorwürfen zu. Mit Wieland, Herder und dem Sturm und Drang begann der Rückgriff auf Stoffe der deutschen Vorzeit, die dann die Romantik voll zur Geltung brachte. Das 19. Jahrhundert ist auch in der Stoffwahl durch Eklektizismus gekennzeichnet, es griff in alle Stoffreservoire, die ihm die aufblühende historische Forschung anbot. Der Historismus und die historisch-philologische Kritik haben eine zwiespältige Bedeutung für die Stofftradition gehabt. Sie eröffneten Quellen, schränkten mit ihrer Forderung nach historischer Echtheit aber zugleich deren freie, schöpferische Ausnutzung ein. Ebenso hat die seit dem Sturm und Drang an den Dichter gestellte Forderung der Originalität sowie die vorwiegend gegenwartsbezogene realistische Geschmacksrichtung das Aufgreifen überkommener Stoffe als zweitrangig erscheinen lassen. So haben die wichtigsten dichterischen Leistungen des mittleren und späteren 19. Jahrhunderts sich meist an ›erfundenen‹ Stoffen vollzogen. Erst der Rückgriff der Neuromantik und Neuklassik auf die großen abendländischen Stoffe hat einen Umschwung gebracht, der in der ständigen Erneuerung antiken Mythengutes bis heute anhält.

Die Stoffe sind in ihren Wandlungen Ergebnis und zugleich geistiges Movens des politischen und sozialen Lebens ihrer Zeit. Sie spiegeln es und spiegeln sich in ihm. Elektra wurde aus der zur Vaterrache berechtigten und den Bruder zum Muttermord antreibenden Heldin bei Äschylus und Sophokles zu der unmenschlichen, an der Tat selbst beteiligten Rachedämonin bei Euripides, sank dann in den frühen Bearbeitungen der Neuzeit, die den Muttermord unterdrückten, zunächst zu einer Nebenfigur herab, um schließlich im Zeichen des wiederentdeckten dionysischen Griechentums bei Hofmannsthal und in den neuesten Bearbeitungen durch Jeffers, O'Neill, Giraudoux, Sartre und G. Hauptmann als mehr oder weniger neurotischer Fall dargestellt zu werden. Als ein Gegenstück zu ihr war Iphigenie immer Inbegriff des Humanen, wie es von den Epochen verstanden wurde. Am dichterischen Schicksal der Jeanne d'Arc ist nicht nur die Entwicklung des französischen Nationalismus, sondern auch die Haltung der Epochen zu Glauben und Wunder abzulesen. Gestalten wie Cäsar und Napoleon wurden zum Indiz für die jeweilige Auffassung vom Recht der großen Persönlichkeit. In den Kolumbus-Dichtungen sind Fragen der göttlichen Sendung, des Völkerrechts und des Wirtschaftsethos unterschiedlich behandelt worden. Mehrere antike Stoffe, wie der Orest-Stoff, der Ion-Stoff und die Fabel von Ödipus auf Kolonos sind von T. S. Eliot den heutigen Lesern und Hörern dadurch nähergerückt worden, daß er sie ihrer antikischen Elemente entkleidete und in »The Family Reunion«, »The Confidential Clerk« und »The Elder Statesman« in die heutige Zeit verlegte, freilich in einer viel verfremdeteren Weise, als vor fast 200 Jahren Lessing mit dem Virginia-Stoff in »Emilia Galotti« verfuhr. Dieses äußerste und sicherste Mittel eines Dichters, durch Rückführung eines Stoffes auf sein Kernmotiv dessen aktuelle Bezüge freizulegen, ist eine konsequente Form der Aktualisierung. Umgekehrt sind aktuelle Fragen aus Gründen der künstlerischen Distanzierung oder der politischen Vorsicht in das Gewand altbekannter und somit dämpfender Stoffe gekleidet worden.

Wie das Beispiel der Eliotschen Stoffanverwandlungen und das der »Emilia Galotti« zeigen, liegt das Gleichbleibende eines Stoffes in der Wahrung des Grundmotivs oder der Hauptmotive und die Wandlung eines Stoffes in deren Änderung. So sagt *Käte Hamburger* von der tragischen Situation, die für sie die Grundkomponente der dramatischen Handlung ist und in vielem dem Begriff des Kernmotivs ähnelt, daß sie als eine Konstante in den verschiedenen Versionen dennoch den eigentlichen Keim der Umgestaltungen bilde. Durch den als Motivmutation zu bezeichnenden Vorgang werden ursprünglich vordergründige Motive vergeistigt und alte, religiös oder mythisch gebundene Motive ihres Sinnes entleert. Für den ersten Vorgang könnte man das Motiv des Meeresgrundes anführen, das als stimmungsmäßiger Faktor zunächst in Goethes »Fischer« auftauchte und durch Fouqué, Heine und H. C. Andersen weiterentwickelt und zum Symbol des Seelengrundes erhoben wurde; in diesem Sinne benutzten es Wagner, Nietzsche und Ibsen, bis es Thomas Mann aus seiner Kritik an der Romantik heraus in das Gegenteil, das Symbol des Irrationalen und Bösen, umgewandelt hat. Der mittelalterliche Dichter Frauenlob übernahm von Alanus de Insulis eine auf die heidnische Spätantike zurückgehende Natur-Allegorese, funktionierte die Metaphorik ins Sakrale um und übertrug die Attribute auf die Jungfrau Maria, so daß sein »Marienleich« eine Verschmelzung religiöser und naturphilosophischer Strömungen repräsentiert. Das Motiv vom Verführer und der Verführten, das bis dahin nur als komisches Motiv der verführten Einfalt oder allenfalls als das tragische der entehrten Frau von Stand denkbar war, gewann im Zeitalter des Rousseauismus im empfindsamen Roman und Drama eine solche Bedeutung, daß *H. Petriconi* sogar Goethes Gretchentragödie die Erlebnisgrundlage in der Trennung von Friederike absprach, da Goethe das Gartenhäuschen als Ort der Verführung aus der Richardson-Tradition übernommen habe. Hier stehen sich die von Petriconi vertretene morphologische und die von *Krogmann* vertretene psychologische Betrachtungsweise solcher Motivmutationen in äußerster Zuspitzung gegenüber. Für den Vorgang der Entmythisierung von Motiven könnte man das magische Motiv des Tierbräutigams nennen, das in vielen Märchen, z. B. dem vom Froschkönig, und in Stoffen wie der spätantiken Geschichte von Amor und Psyche, der Schwanrittersage oder dem Melusinenstoff seine magisch-mythischen Elemente verlor.

Besonders fruchtbare Momente in der Entwicklung von Motiven sind wiederholt aufgedeckt worden. Die Variation, die eine Zeit mit einem Motiv vornimmt, kennzeichnet die Epoche. An den Ausformungen des Vater-Sohn-Konflikts kann man z. B. den Wechsel zwischen vater- bzw. autoritätsfreundlichen und vaterfeindlichen bzw. rebellischen Generationen ablesen. Das Motiv des Gartenraums konnte erst durch die sich ändernde Naturauffassung an der Wende vom Rokoko zum Klassizismus ›psychologisch frei‹ werden. Das Gespenst-Motiv löste sich nur langsam aus dogmatischer Gebundenheit, der affektive Wert trat immer stärker hervor, bis die Romantik den Akzent gänzlich auf den halluzinatorischen Charakter verlegte und das Motiv in dichterischen Werken vor allem durch seine seelischen Kräfte, in der Trivialliteratur durch seine atmosphärischen Möglichkeiten wirkte. Auch das Teufelsbündner-Motiv wird durch den ›Satanismus‹ der Romantik wieder virulent, und das Inzest-Motiv wandelt sich durch seine in der Romantik entdeckte menschliche Problematik aus einem Verbrechen in eine tragische Verstrickung. G. Keller übernahm zwar von der Romantik das Motiv des Wanderers, deutete es jedoch entscheidend um: in seinen Dichtungen trägt das Wandern seinen Sinn nicht mehr in sich selbst, sondern dient als Vorstufe zu Bindung und Einordnung. Das Duell-Motiv erlebt im 19. Jahrhundert einen neuen Höhepunkt: Nachdem seine Brisanz im 16./17. Jahrhundert in der Opposition gegen obrigkeitliche Duell-Verbote gelegen hatte, wird es jetzt zum Indiz für eine erstarrte, von Vorurteilen beherrschte Gesellschaftsmoral. Ein Spiegel sozialer Entwicklung ergibt sich auch, wenn die Gestalt des

Lehrers als literarisches Motiv historisch verfolgt wird. Sie wurde erst durch den pädagogischen Optimismus der Aufklärung aus einer Episodenrolle erlöst und ganz entgegen der realen Lage idealisiert, bis der Lehrer in der zweiten Hälfte des 19. Jahrhunderts wieder an Geltung verlor und in einer Epoche, die sich zum Anwalt der Jugend machte, entweder als weltferner, lebensuntüchtiger Träumer (Holz/Jerschke, »Traumulus«) oder als reaktionärer, böswilliger Tyrann (Wedekind, »Frühlingserwachen«; Heinrich Mann, »Professor Unrat«) figurierte.

Die alle einzelnen Stationen abschreitende Darstellung eines dem Wandel der Zeiten unterliegenden Stoffes oder Motivs ist mit gewissen Schwierigkeiten verbunden. Man ist gezwungen, den Verlauf der Längsschnitte durch Querschnitte zu unterbrechen. Die Gefahr solchen widerkünstlerischen Vorgehens zeigt sich an einer Arbeit über Peter den Großen im russischen Roman. Sie setzt neben das aus den historischen Quellen gewonnene Bild des Zaren jeweils das aus den Dichtungen um Peter den Großen in den verschiedenen politischen Epochen Rußlands gewonnene – ein fleißiges Zusammensetzspiel, bei dem zwar die sich verändernden Züge Peters, aber nicht einmal die Umrisse der den westlichen Lesern meist unbekannten Literaturwerke sichtbar werden.

*Literatur:*

*Zum Grundsätzlichen:*

*Käte Hamburger:* Von Sophokles zu Sartre. Griechische Dramenfiguren antik und modern, 1962 (Einleitung); [4]1969.

*Einzeluntersuchungen:*

*Rudolf Krayer:* Frauenlob und die Natur-Allegorese. Motivgeschichtliche Untersuchungen. Ein Beitrag zur Geschichte des antiken Traditionsgutes, 1960.

*Klaus Kanzog:* Der dichterische Begriff des Gespenstes. Bestimmungen einer Motiv-Wort-Funktion, Diss. Humboldt-Univ. Berlin 1951.

*Karl S. Guthke:* Das Motiv des Wanderers bei Gottfried Keller und in der Romantik, in: *K. S. G.*, Wege zur Literatur, 1967, S. 169 bis 186.

*Karl Lehmann:* Die Gestalt des Lehrers in der deutschen Literatur, [3]1955.

*Xenia Z. Grzebieniowska:* Peter the Great in Russian Historical Novels, Diss. Berkeley, Calif., USA 1949.

*Hellmuth Petriconi:* Die verführte Unschuld. Bemerkungen über ein literarisches Thema, 1953. – Vgl. dazu *Willy Krogmann:* Das Friederikenmotiv in den Dichtungen Goethes, 1932. *Ders.:* Die Stoffgestaltung des Dichters als Resultante seiner Erlebnisse, in: AfnSpr. 165, 1934, S. 161–186.

Zu einzelnen Stoffen und Motiven vgl. auch die Artikel und bibliographischen Angaben in: *Elisabeth Frenzel:* Stoffe der Weltliteratur, [4]1976, und *dies.:* Motive der Weltliteratur, 1976.

### *Traditionelle, erhellende und hermetische Symbole*

Das für Stoffe und Motive feststellbare Auftauchen, Sichwandeln und Versinken mit den geistesgeschichtlichen Epochen gilt im großen ganzen auch für die Symbole. Nur hebt sich der Prozeß ihrer Entwicklung dadurch ab, daß sie auf ein hinter ihnen stehendes Abstraktes hindeuten, das mit ihnen oft fest verbunden ist. Der Wandel der Symbole liegt weniger in eigentlicher Veränderung durch Zufügung oder Verschmelzung als vielmehr in der zunehmenden Vergeistigung, Durchleuchtung und Erfüllung oder der Verflachung und Entleerung. Das Symbol ist kein Baustein eines Dichtwerks wie das Motiv, sondern ein Kristallisationspunkt seiner geistig-seelischen Absichten.

Die traditionellen Symbole sind durch die Religion oder eine gewisse unausgesprochene, innere Übereinkunft der Menschen in ihrer Bedeutung festgelegt. Das auf einer echten inneren Entsprechung beruhende Symbol des Lammes für Christus und für christliche Denkungsart kann kaum eine andere Bedeutung annehmen als eben diese und behielt auch über die christlich betonten Jahrhunderte hinaus seine Bedeutung bis zum »Sakrament des Lammes« in Heinrich Bölls Roman »Billard um halbzehn«. Aus religiösen Vorstellungen wie der von dem auf dem Gottesacker stattfindenden Tanz der Toten, in den Lebende mit hineingerissen werden, erwuchs das bildkünstlerische und literarische Motiv des Totentanzes, dem durch die Verschmelzung mit dem Motiv vom Streitgespräch des Menschen mit dem Tode symbolische Überhöhung widerfuhr: der Tod selbst fordert nun den Menschen zum Tanz auf und bringt ihn so in seine Gewalt. Das Symbol des Lichts, seit der griechischen Antike gleichbedeutend mit Leben und allem, was Rettung, Heil und Freude bringt, kann schwerlich gegensätzliche Vorstellungen erwecken; die Bedeutung kann nur auf geistiges Licht und Heil, auf Erkenntnis übertragen werden. Im Sinne innerer Erleuchtung hat es die schlesische Mystik benutzt; das innere Licht kennzeichnet auch die Situation des körperlich erblindeten Faust. Der Rationalismus allerdings nutzte das Symbol in seinem Sinne in den Formulierungen »Licht der Vernunft«, »Licht der Aufklärung«. Die Neuzeit hat das sakrale Moment durch das künstlerische ersetzt. Das Brunnen-Motiv, das schon die Bibel gelegentlich sinnbildlich verwandte, wurde in der Mystik und im Pietismus als Symbol der göttlichen Gnade, auch des menschlichen Herzens und der Sünde benutzt. In ihrem Gefolge bewegt sich noch Clemens Brentano mit »Frühlingsschrei eines Knechts aus der Tiefe«. Die Säkularisation des Motivs findet sich bereits in Carl Philipp Moritz' Roman »Andreas Hartknopf«, dessen Sinngebung des Brunnens als Ursprung des Daseins und Hinweis auf eine Präexistenz der Seele sich mit der späteren psychoanalytischen Deutung des Symbols berührt, und dann vor allem in C. F. Meyers Gedicht »Der römische Brunnen«. Bei der Symbolik des Mittelalters, vor allem der Tiersymbolik, handelt es sich meist um die enthüllende Spiegelung der Sprache Gottes, die seit der Schöpfung in der Kreatur versiegelt ist. Vieles an der symbolisch gemeinten Naturlehre des Mittelalters, deren Einzelheiten auch in die Dichtung Eingang fanden, etwa die Bedeutung des Einhorns als Sinnbild der unbefleckten Empfängnis sowie der Keuschheit und als Präfiguration Christi, ist heute unverständlich. Das Symbolgebäude von Dantes Epos ist der Moderne so wenig zugänglich, daß sie Kommentare bedarf. Was von christlicher Symbolik noch ohne Schlüssel verständlich ist, zeichnet sich durch gleichnishafte, erhellende Qualität aus und gehört einer Art von ewigem Symbolgut an.

Zusätzlich zu den traditionellen Symbolen schuf sich die moderne Dichtung seit dem Ausgang des 18. Jahrhunderts eine Reihe neuer, den Schwund religiöser Symbolik ausgleichender Symbole, deren Bedeutung dem Publikum rasch verständlich, deren Aufgabe also eine erhellende war. Das Symbol des Flusses als Sinnbild des menschlichen Lebenslaufes findet sich mit religiöser Sinngebung – wie der Weg des Flusses ins Meer, so führt die Wanderung der Seele ins Himmelreich – schon bei Procopius von Templin; Goethe wandte es in »Mahomets Gesang« auf die spezielle Mission der politischen und religiösen Führerpersönlichkeit an, Hölderlin verglich den Weg des Nekkars mit dem des Jünglings, der »liebend unterzugehen in die Fluten der Zeit sich wirft«, und Lyriker des 19. Jahrhunderts haben dies Symbol weniger prägnant noch mehrfach eingesetzt. Die im Volksglauben verwurzelte Blumensymbolik wurde von der Romantik bis zum weltbekannten poetischen Symbol der ›Blauen Blume‹ ausgestaltet und verflachte dann bereits in der Mitte des 19. Jahrhunderts wieder zur ästhetischen Floskel und zum Vergleich. Im Sturm und Drang tauchten erstmals moderne Sinngebungen des Spiegels und der Marionette auf, die dann für Pessimismus und Nihilismus des 19. Jahrhunderts bedeutsam wurden. In Klingers »Zwillingen« zerschlägt Guelfo den Spiegel, der ihm das eigene Angesicht mit seinen Qualen und seiner Schuld zeigt, eine Tat, die dem Grauen vor der Selbstschau entspringt, das beispielhaft für den Seelenzustand der kommenden Generationen wurde und in Jean Pauls »Titan« und E. T. A. Hoffmanns »Geschichte vom verlorenen Spiegelbilde« wiederkehrt. Als erster fühlte sich Goethes Werther »gespielt wie eine Marionette«, bei Georg Büchner ist die Marionette dann zum Symbol des Determinismus geworden.

Deutlich wird die langsame Durchgeistigung einer literarischen Substanz, diese Auswaschung stofflichen Materials bis auf das Goldkorn einer symbolischen Gestalt, bei deren alleiniger Nennung im Leser viele seit langem gestimmte Saiten angeschlagen werden, bei politischen Symbolen. An ihnen arbeitet zwar oft die Dichtung primär, aber häufig sind an ihrer Entstehung breitere Schichten, so auch die politische Publizistik, beteiligt. Seit der ersten Verwendung in einem Dialog Huttens bis in das 20. Jahrhundert hinein zieht sich die symbolische Überhöhung der Arminiusgestalt, die immer wieder neu beleuchtet und literarisch verwandt worden ist. Seit dem Wartburgfest entwickelte sich im freiheitlichen Schrifttum die Figur Ulrich von Huttens zu einem symbolischen Vorkämpfer der Geistesfreiheit. Freiligraths sinnbildliches »Deutschland ist Hamlet«, d. h. es ist nur in Worten groß und hat seine Kraft in Gedanken verausgabt, setzte Goethes Hamlet-Interpretation und die Bekanntschaft einer ganzen Generation mit dieser Interpretation voraus. Das politische Schlagwort von der ›Nibelungentreue‹, das auch in politischer Lyrik Verwendung fand, fußt auf der Fehleinschätzung des »Nibelungenliedes« als eines sich in Vorbildsgestalten dokumentierenden Nationalepos.

Die erhellenden, anschaulichen und doch zugleich unausschöpfbaren Symbole wie etwa Novalis' Blaue Blume, Gotthelfs Schwarze Spinne, Annette von Droste-Hülshoffs Judenbuche tragen jedoch die Gefahr in sich, nachgeahmt, abgenutzt und entleert zu werden; die Handhabung des klassisch-romantischen Symbolgewebes in der Lyrik des mittleren 19. Jahrhunderts zeigt dies. Außerdem erschöpfen sich solche Symbole oft allein schon durch die Änderung der politischen Konstellation, durch die ein Symbol in Fortfall geraten und späteren Generationen nahezu unverständlich werden kann. Daher lassen sich die selbstgefundenen dichterischen Symbole in bezug auf ihre Dauerhaftigkeit den religiösen nicht an die Seite stellen.

Der hermetische Charakter moderner Dichtung hängt zusammen mit ihrer Zielsetzung, ganz auf sich selbst zu stehen, nichts als Kunst zu sein, sich von Inhaltstraditionen zu lösen und selbst den sprachlichen Ausdruck von herkömmlichen Bedeutungen zu befreien. Während am Beginn dieser Theorie einer Poésie pure der Symbolismus sich gerade auf das Symbolisieren als das vom Realismus befreiende Darstellungsmittel stützte, haben Vertreter des modernen Hermetismus, der surrealistischen und absurden Literatur sich gegen die Abhängigkeit ihrer Schöpfungen von Vorgegebenem und gegen ihre Entschlüsselbarkeit verwahrt und sich geweigert, selbst etwas zu ihrer Interpretation zu sagen. Dennoch müssen auch die chiffrenhaften Elemente der modernen Kunst, soll die Behauptung, Symbolisieren sei ein Grundzug der Dichtung, in Geltung bleiben, als Symbole verstanden werden. Es kommt nicht darauf an, daß hinter den Symbolen ein von der Realitätsebene her vertrauter Sinn wiedererkannt wird, der begrifflich festzulegen wäre, sondern daß sie, unter Mithilfe des Kontextes, eine Verweisung leisten, die dem Leser die Suche nach der ergänzenden Bedeutung ungestüm aufnötigt. Auch die Hörer und Leser Dantes dürften an manchem seiner Sinnbilder gerätselt haben. Symbole sind nicht von vorgegebenen Dingen abhängig und ihr Bedeutungsziel in keinem Fall intellektuell einzuholen.

*Literatur:*

*Symbolik des Mittelalters:*

*Karl Vossler:* Symbolische Denkart und Dichtung im Mittelalter und heute, in: *K. V.*, Aus der romanischen Welt, 1942, erneut 1965.

*Erich Auerbach:* Typologische Motive in der mittelalterlichen Literatur, 1953.

*Heinz G. Jantsch:* Studien zum Symbolischen in frühmittelhochdeutscher Literatur, 1959.

*Symbolik der modernen Literatur:*

*Richard Brinkmann:* Abstract Lyrics of Expressionism: End or Transformation of the Symbol, in: Literary Symbolism. A Symposium, hrsg. v. *H. Rehder,* Austin u. London 1965, S. 109–136.

*Hans-Georg Gadamer,* Die Aktualität des Schönen – Kunst als Spiel, Symbol und Fest, 1977.

*Zur Geschichte einzelner Symbole:*

*Rudolf Bultmann:* Zur Geschichte der Lichtsymbolik im Altertum, in: Philologus 97, 1948, S. 1–36. – *Gerhard Hurtig:* Die Lichtsymbolik im Werk Gerhart Hauptmanns, Diss. Marburg 1956. –

*Gerhard Pfohl:* Gedanken zur ›Zweischichtenlehre‹, in: Euphrosyne 2, 1959, S. 189–197. – *Hermann Pongs:* Die Lichtsymbolik in der Dichtung seit der Renaissance, in: Studium generale 13, 1960, S. 628–646, 682–706, 707–731.

*Wolfgang Stammler:* Der Totentanz. Entstehung u. Deutung, 1948. – *Hellmut Rosenfeld:* Der mittelalterliche Totentanz. Entstehung, Entwicklung, Bedeutung, 1954.

*Wilhelmine E. Delp:* Die symbolische Bedeutung des Veilchens in der deutschen Dichtung, in: Publications of the English Goethe Society, N. S. VII, 1930, S. 92–120. – *Jutta Hecker:* Das Symbol der Blauen Blume im Zusammenhang mit der Blumensymbolik der Romantik, 1931.

*Ursula Wiegers:* Der Brunnen in der deutschen Dichtung. Eine motivgeschichtliche Untersuchung, Diss. Bonn 1955. – *Anneliese Bach:* Das Motiv des Brunnens in der deutschen Lyrik vom 17. Jh bis zur Gegenwart, in: GRM 37, 1956, S. 213–231. – *August Langen:* Carl Philipp Moritz' Weg zur symbolischen Dichtung, in: ZfdtPh. 81, 1962, S. 169–218 (216–217), 402–440.

*A. Fuckel:* Der Fluß als Sinnbild des Lebenslaufes in deutschen Dichtungen, in: ZfdU 27, 1913, S. 853–858.

*Heinz Kindermann:* Das Werden des Hermann-Mythus von Hutten zu Grabbe, in: Jb. d. Grabbe-Ges. 3, 1940, S. 26–50. – *Richard Kühnemund:* Arminius or the Rise of a National Symbol in Literature, from Hutten to Grabbe, Chapel Hill, N.C., USA 1953.

*Georg Voigt:* Ulrich von Hutten in der deutschen Literatur, Diss. Leipzig 1905. – *Eduard Korrodi:* Ulrich von Hutten in der deutschen Dichtung, in: Wissen u. Leben 5, 1911/12, S. 27–41.

*August Langen:* Zur Geschichte des Spiegelsymbols in der deutschen Dichtung, in: GRM 28, 1940, S. 269–280. – *Blake Lee Spahr:* The Mirror and it's Image in Seventeenth-Century German Literature, in: *George Schulz-Behrend* [Hrsg.]: The German Baroque, Austin 1972, S. 65–86.

*Herbert Leisegang:* Die Marionette als weltanschauliches Symbol, in: Begegnung 5, 1950, S. 106–110. – *Robert Mühlher:* Georg Büchner und die Mythologie des Nihilismus, in: *R. M.*, Dichtung der Krise, 1951, S. 97–145.

*Zur Farbensymbolik:*

*S. Skard:* The Use of Color in Literature, a Survey of Research, in: Proceedings of the Amer. Philosoph. Soc. 90, Philadelphia, USA (1946) Nr 3 (Bibliographie, 86 Seiten). – *R. C. Wyatt:* The Symbolism of Color in the Drama of German Expressionism, Diss. Univ. of Iowa, 1956, Diss. Abstr. vol. 16, Nr 9, S. 1688.

### *Ergiebigkeit des Forschungszweiges für Zuweisungs-, Herkunfts- und Datierungsfragen*

Die Bindung von Stoffen, Motiven und Symbolen an schöpferische Individuen, an Nationen und an Epochen macht ihre Kenntnis zum Hilfsmittel bei Zuweisungsfragen. Das am Schluß des »Faust« auftauchende Kolonisationsmotiv kann in Zusammenhang mit dem verwandten Motiv in der zeitlich genau bestimmbaren »Achilleis« Goethes gebracht werden und so zur Datierung der entsprechenden »Faust«-Stellen auf etwa 1798 verhelfen. Aus der bis ins Detail verwandten Situation des betrogenen Ehemanns Marke am Liebesbett Isoldes und jener der betrogenen Ehefrau am Lager des Ehemannes in Emil Strauß' Novelle »Der Schleier« den Schluß zu ziehen, daß Strauß' Quelle, Bassompierre/Goethes Erzählung, auf einer späten, ins Märchenhafte abgesunkenen Tristan-Fassung beruhe, bleibt allerdings ein etwas gewagtes Unternehmen. Dagegen haben die Motivverwandtschaft des europäischen Minnesangs mit der arabischen Lyrik sowie die des katholischen und protestantischen Kirchenliedes mit römischer Gebetsliteratur brauchbare Stützen für die Herkunftsthesen ergeben. Die Kenntnis der christlichen symbolischen Zahlen und ihrer konstitutiven Rolle für den Umfang mittelalterlicher Dichtung erweist sich als textkritisches Erkenntnismittel für die Beurteilung von Echtheit und Unechtheit.

*Literatur:*

*Willy Krogmann:* Motivübertragung und ihre Bedeutung für die literarhistorische Forschung, in: Neophilologus 17, 1932, S. 17–32.

*Lawrence Ecker:* Arabischer, provenzalischer und deutscher Minnesang. Eine motivgeschichtliche Untersuchung, 1934.

*Douglas Frederick Bub:* Das Leiden Christi als Motiv im deutschen Kirchenliede der Reformation und des Frühbarocks, Diss. Bern 1951.

*Hans-Friedrich Rosenfeld:* Handschuh und Schleier. Zur Geschichte eines literarischen Symbols, Helsingfors 1957.

*Fritz Tschirch:* Zum symbolbestimmten Umfang mittelalterlicher Dichtungen, in: Stil- und Formprobleme in der Literatur, hrsg. v. P. Böckmann, 1959, S. 148–156.

## *Leistungen der Stoff-, Motiv- und Symbolforschung für die Poetik*

Über Ergebnisse literarhistorischen Charakters hinaus stößt gerade die neuere Methode der Stoff-, Motiv- und Symbolforschung in das Gebiet der Poetik vor und kann Fragen nicht nur der Struktur der stofflichen Einheiten selbst, sondern auch der durch sie gebildeten literarischen Gattungen beantworten. Mit ihr läßt sich die Eigenbewegung der stofflichen Einheiten, d. h. ihr Wachsen, ihr Sichteilen und Sichtrennen auf der einen, die Einverleibung und das Anwachsen weiterer stofflicher Elemente auf der anderen Seite, die Wahrung oder Wiederherstellung des inneren Gleichgewichts bei Wachstum und Mutation der einzelnen Stoffkerne sichtbar machen. Sowohl Stoffe wie Motive als auch Symbole sind in ihrer Entfaltung durch ihren Urcharakter, das Gesetz, nach dem sie angetreten, begrenzt und in eine bestimmte Richtung verwiesen, die besonders im Bereich einer bestimmten Gattung wirksam bleibt. Man gelangt zu einer keineswegs mechanistischen, aber doch biologischen Vorstellung – *Max Lüthi* spricht von ›Märchenbiologie‹ – für die gesetzmäßige Struktur und Entfaltung einer stofflichen Einheit, die sowohl die Willkür des Gestalters wie die Zahl der Varianten begrenzt. Dabei bleibt jedoch durch die Verschiedenheit der Gattungen und ihrer Mischformen und die verschiedenen Kombinationsmöglichkeiten kleinerer stofflicher Einheiten noch genügend Bewegungsfreiheit für den schöpferischen Einfall.

### *Gattungsaffinität und innere Struktur von Stoffen und Motiven*

Die Stoffgeschichte lehrt, daß bestimmte Stoffe im wesentlichen in bestimmten Gattungen verarbeitet worden sind. Kann eine solche Affinität zwischen Stoff und Gattung festgestellt werden, so ist es gerechtfertigt, eine stoffgeschichtliche Untersuchung auf eine Gattung zu begrenzen. Die vorhandenen stoffgeschichtlichen Arbeiten zeigen allerdings, daß solche Begrenzung häufig keine strukturellen Gründe hat, sondern, ähnlich wie die Begrenzung auf gewisse Nationalliteraturen, dem Drang nach Begrenzung überhaupt entspringt. Bei einer Untersuchung der Beziehung zwischen dem Bildnis-Motiv und der epischen Struktur erwies sich die Begrenzung auf den höfischen Barockroman als sinnvoll. *A. Haslinger* gelangte zu dem Ergebnis, daß das Motiv in seinem Grundtypus – das Bildnis einer Unbekannten erweckt die Liebe des Betrachters – die funktionale Kraft besitzt, eine bestimmte Erzählspannung zu erzeugen. Diese Funktion, eine Person auf die Suche nach dem Modell des Bildnisses und damit zum allmählichen Begreifen der Roman-Wirklichkeit zu führen, entspricht genau der Struktur der barocken Erzählwerke, allerdings läßt sie sich auch in anderen Epochen und Gattungen nachweisen, vor allem wenn man das Bildnis-Motiv zu den funktional gleichen, umfassenderen des heimgeholten Fernidols sowie der Weissagung, der Vision und des vorausdeutenden Traums stellt. Durch die Funktion der in »Wilhelm Meister« eingelassenen Mignon- und Harfner-Lieder, die einen »selbstgenügsamen und übergelagerten Sonderbereich« bilden und die erzählerische Ebene transzendieren, ergaben sich Rückschlüsse auf den architektonischen Baukörper des Romans und den musikalischen des Gedichts. Dagegen stellt ein im Zusammenhang mit dramentheoretischen Überlegungen unternommener, durch konkrete Beispiele jedoch nicht anschaulich gemachter »Versuch einer neuen Motiv-Hypothese« zunächst lediglich ein Umfunktionieren der Begriffe Petschs in mehr gehaltliche Kategorien dar: die Motive wurden hier nach ihrer Zugehörigkeit zu den ›Nexus‹, d. h. nach ihrer Nähe oder Ferne zu der geistigen Achse des Stückes, in Motive des Vorgangs, der Handlung, der Darstellung und der Darbietung geordnet.

Die Affinität von Stoff und Gattung entspricht der Struktur des Motivgefüges und dem Charakter des Kernmotivs. Die absolute Dominanz des Kernmotivs über die Rahmen- und Randmotive sowie die Dialektik des Kernmotivs sind Kennzeichen der primär dramatischen Stoffe. Da die Zahl solcher dramatischen Kernmotive begrenzt ist und das Kernmotiv im Drama eben nicht durch das Danebentreten anderer Motive verwischt werden darf, scheint das Drama am meisten darauf verwiesen, zu vorgeprägten Stoffen zu greifen. Dialektische Grunderfahrungen des Menschen – Vater-Sohn-Konflikt, verfeindete Brüder, Mann zwischen zwei Frauen, herkunftsbedingter Liebeskonflikt, heimliche Liebesbeziehung, Gattenrache – tauchen daher in der Geschichte des Dramas immer wieder auf und haben sich zu stofflichen Komplexen, die das Motiv leicht variieren, ausgeformt. Der Vater-Sohn-Konflikt ist das Kernmotiv des Ödipus-Stoffes, des Don-Carlos-Stoffes, des Hildebrand-Hadubrand-Stoffes und anderer. Das Motiv der verfeindeten Brüder beherrscht den Kain-und-Abel-Stoff, den Prometheus-Epimetheus-Stoff und die Geschichte der Sieben gegen Theben. Das Motiv des Mannes zwischen zwei Frauen steht im

Mittelpunkt des Medea-Stoffes, des Graf-von-Gleichen-Stoffes, des Siegfried-Stoffes und des Ariadne-Stoffes, das Motiv des herkunftsbedingten Liebeskonflikts z. B. in dem des Agnes-Bernauer-Stoffes, des Romeo-und-Julia-Stoffes und der englischen Geschichte von Fair Rosamond. Wie stark der Maria-Stuart-Stoff dramatisch vorbestimmt ist, zeigt sich bereits im Beginn seiner Entwicklung, denn die Möglichkeiten seiner Strukturierung sind gleich in zwei entgegengesetzten dramatischen Fassungsarten aufgewiesen: dem dozierend und synthetisch verfahrenden, den Stoff mitsamt dem Gegenspiel (Elisabeth-Handlung) weit ausbreitenden katholischen Ordensdrama und der klassizistisch einsträngigen Renaissance-Tragödie, die den Stoff auf die letzten Lebenstage Marias zusammenzieht, auf das Gegenspiel verzichtet und die Vorgeschichte der Märtyrerin Maria analytisch enthüllt – eine Darbietungsweise, die dann später bei Schiller ihren Höhepunkt fand, der sich freilich auch das Intrigenspiel der Gegnerin zunutze machte. Während hier Schiller gleichsam die Summe einer Entwicklung zog, bog er im Falle des Jungfrau-von-Orleans-Stoffes eine epische Tradition in eine dramatische um, indem er das dem Stoff fremde dialektische Motiv des Keuschheitsgelübdes in ihn hineinbrachte. Der Stoff als solcher wird erst im Augenblick der Gefangennahme Johannas, durch ihr Schwanken zwischen Widerruf und Nichtwiderruf dramatisch, und so haben moderne Bearbeiter sich im wesentlichen auf den Prozeß Johannas konzentriert, dem Schiller durch die Erfindung ihres heroischen Schlachtentodes aus dem Wege ging. Wie nahe der tragische Aspekt eines dialektischen Kernmotivs neben dem komischen liegt, zeigt das Nebeneinander beider Lösungen im Verlauf der Stoffgeschichte des Träumenden Bauern oder in den Bearbeitungen des Doppelgänger-Motivs, das sich vor allem im Amphitryon-Stoff verkörpert hat; auch Schwank- und Komödienmotive mit weit zurückreichender Tradition, etwa das des verliebten Alten und das des Hahnreis, können ins Tragische gewendet werden, wie Fontanes Graf Petöfy, Hauptmanns Kommerzienrat Clausen, M. Pagnols Witwer Panisse und die ernsten Varianten des Hahnrei-Motivs vom mittelalterlichen Minneroman bis zu Molières George Dandin und García Lorcas Don Perlimplin beweisen. Der Pendelausschlag nach der ernsten oder heiteren Seite hängt oft mit der Auffassung des Dichters und der seiner Zeit von der Möglichkeit einer Überbrückung sozialer und menschlicher Spannungen zusammen.

Der Charakter eines Stoffes kann auch ein nur scheinbar dialektischer sein und zu Trugschlüssen der Bearbeiter führen. Eine zentrale dramatische Szene macht noch kein dramatisches Grundmotiv. Der Dido-Stoff mit seiner dramatischen Abschieds- und Selbstmordszene ebenso wie der ähnlich gelagerte Ariadne-Stoff mit dem für zahllose Opernbearbeitungen entscheidenden ›Lamento‹ der verlassenen Ariadne haben im Grunde nicht dramatischen, sondern monologisch-melodramatischen Charakter. Daher ist die konsequenteste Gestaltung des Dido-Stoffes das Monodrama und Melodrama des ausgehenden 18. Jahrhunderts geblieben, und nicht ohne Grund wahrt auch noch die »Ariadne« von Hofmannsthal/Strauß trotz der Einführung des Bacchus den monodramatischen Charakter des Stoffes. Der Stoff von den ›Mordeltern‹ bzw. vom Mord am Sohn ist gekennzeichnet durch Geradlinigkeit sowie durch Beschränkung auf wenige Personen und Situationen. Das erklärt seinen Erfolg in Kleinformen wie der Erzählung und der Ballade. Er verlockte jedoch, besonders durch das in ihn eingebundene Motiv des unerkannten Gegners, das ihn in die Nähe des Ödipus-Stoffes rückt, zahlreiche Autoren zu dramatischer Behandlung. George Lillo und zweihundert Jahre nach ihm Albert Camus dachten in ihm einen neuen Ansatz zur Tragödie zu finden und scheiterten. Mireille Frauenrath hat durch einen Vergleich der zwölf faßbaren Dramatisierungen die in diesen immer wieder auftauchenden 13 fundamentalen Situationen, gebündelt in sechs Handlungsphasen, und die sie kausal verbindenden ›Formanten‹ zusammengestellt und daraus Erkenntnisse über die Logik des Sujets abgeleitet, das die Personen zu weitgehender Passivität verdammt, sich Erweiterungen widersetzt, dem Autor kaum Bewegungsfreiheit läßt und durch sein Situationsniveau auf melodramatische Gestaltung beschränkt bleibt. Die in dieser sehr sorgfältigen Untersuchung absichtlich ausgeklammerte Analyse der den Stoff konstituierenden Motive, von denen das des verschuldeten Verkennens und das der Geldgier dann doch zur Erklärung der geringen ›Fallhöhe‹ sowohl des Sohns wie des Elternpaares herangezogen werden, hätte wohl, wie es sich in der älteren Arbeit Görners schon andeutet, zu den gleichen Ergebnissen geführt.

Die Lockerung des auf einen Punkt hin geordneten Motivgefüges durch stärkere Nebenordnung weiterer Motive um das Hauptmotiv führt zum »epischen Charakter« mancher dramatischen Werke, z. B. verschiedener Dramen Shakespeares und der modernen Stationen- und Bilderbogenstücke mit ihrer offenen, reihenden Struktur, die mehr auf der Dramatik der Teile als des Ganzen beruht. Die Überführung des dramatischen Kernmotivs in ein episches läßt sich in glücklichen Fällen durch Änderung der Struktur des Motivkomplexes leicht vollziehen, wie etwa die epische Fassung des Motivs der verfeindeten Brüder in Otto Ludwigs »Zwischen Himmel und Erde«, die Umsetzung des Romeo-und-Julia-Stoffes in die novellistische Fassung von Kellers »Romeo und Julia auf dem Dorfe« und die Behandlung des Motivs vom Mann zwischen zwei Frauen in Emil Strauß' Novelle »Der Schleier« beweisen.

In der Struktur des Motivkomplexes steht dem Drama die Novelle am nächsten, deren beherrschendes Kernmotiv jene von Goethe herausgestellte ›unerhörte Begebenheit‹ oder der ›Falke‹ nach der Theorie Paul Heyses ist. Diese Ähnlichkeit der Struktur konnte den Novellisten C. F. Meyer zu Täuschungen über seine Begabung und über die Qualität seiner Stoffe verleiten und ihn sich immer wieder als Dramatiker versuchen lassen. Goethe zweifelte, ob der Stoff »Die Jagd«, der ursprünglich als Ballade geplant und später als »Novelle« ausgeführt wurde, sich für erzählerische Darbietungsweise eigne, weil er sich zu schnell auf das Ende hin entwickele. Daß gegen eine solche allzu dramatische Handlung durch stärkere Herausarbeitung eines klaren und dichten Gefüges von Nebenmotiven ein Gegengewicht geschaffen werden kann, lehrt Goethes Verfahren nach Aufgabe der balladesken Einsträngigkeit. Schmalheit und Begrenztheit der ohne retardierende Momente ablaufenden Handlung trennen andererseits die Motivstruktur der Novelle von der des Dramas. Eine Novellenhandlung kann meist nur einen Einakter füllen, und dramatisierte Novellen wie Gerhart Hauptmanns Verarbeitung von Grillparzers »Das Kloster von Sendomir« oder Hofmannsthals Dramatisierung von E. T. A. Hoffmanns »Die Bergwerke zu Falun« leiden unter mangelnder Handlungsfülle oder bedurften größerer Zutaten des Dramatikers, um volle dramatische Tragfähigkeit zu erhalten. Auch das nach Paul Ernst ›Unvernünftige‹ des Hauptmotivs der Novelle, ihr schwebender, andeutender Charakter, widerspricht der durchgestalteten Problematik eines Dramenstoffes. Für die Überführung eines Motivs aus der novellistischen in die dramatische Gattung bieten die Dramatisierungen des Freundschaftsbeweis-Motivs im 16. Jahrhundert, denen meist italienische Novellen als Vorlagen dienten, gutes Anschauungsmaterial. Werdegang, Filterung und Begrenzung eines Novellenstoffes lassen sich sehr gut an der Geschichte des Marschalls von Bassompierre studieren, die außer von ihm selbst noch von Chateaubriand, Goethe und Hofmannsthal bearbeitet wurde, und ein gleichfalls bemerkenswertes Beispiel bildet der auch von Bassompierre erzählte, schließlich in Emil Strauß' »Der Schleier« mündende Stoff. Die innere Tendenz des novellistischen Motivgefüges auf das Symbol hin hat *Pongs* herausgestellt.

Merkmal der epischen Struktur eines Motivkomplexes ist das Nebeneinander, das ihres Kernmotivs die Bewegung. Sowohl in der schlichteren Ansprüchen genügenden Form des Abenteuer- und Reiseromans – von der »Odyssee« über den spätgriechischen Roman, die Aventuiren der mittelalterlichen Epen bis hin zum modernen Detektivroman oder zu dem nach dem Homerischen Seefahrer genannten Roman um den Tageslauf eines Dubliner Bürgers namens Bloom – als auch in der Form des anspruchsvolleren Bildungs- und Entwicklungsromans – von Wielands »Agathon« bis zu Hermann Hesses »Glasperlenspiel« und Günter Grass' »Blechtrommel« – bleibt der Charakter von Epos und Roman Bewegung, Vorwärtsschreiten, In-die-Irre-Gehen, Abenteuer im weitesten Sinn. In ihrem Schweifen, Verweilen, gelegentlichen Rückschreiten und der Einbeziehung von Nebenpersonen bildet diese Bewegung einen Motivkomplex nebengeordneter, das Hauptmotiv strahlenförmig umgebender Rahmen- und Füllmotive, die Eigengewicht haben. Der »Zweck« des epischen Dichters, schreibt Schiller am 21. 4. 1797 an Goethe, »liegt schon in jedem Punkt seiner Bewegung; darum eilen wir nicht ungeduldig zum Ziele, sondern verweilen uns mit Liebe bei jedem Schritte«. Die Abwendung des modernen Romans von der Technik des einsträngigen, chronologischen Erzählens ist also keineswegs revolutionär, sondern entspricht der Grundstruktur des epischen Motivgefüges, und sie ist auch keineswegs so neu. Ein »verwilderter Roman« wie Brentanos »Godwi« hat diesem Prinzip der Nebenordnung und der Gleichrangigkeit der Nebenmotive bei der Entfaltung eines Erzählstoffes schon bis an die äußerste Grenze Rechnung getragen, und Einschaltungen, Nachholungen, Rückgriffe finden sich im »Agathon«, im »Wilhelm Meister«, bei Jean Paul und im »Grünen Heinrich« zur Genüge. Die alte Technik, durch verschiedene Briefschreiber eine Handlung von mehreren Seiten zu beleuchten, wie sie in Lenz' »Waldbruder« und Brentanos »Godwi« angewandt wird, ist nur die äußere technische Darbietungsweise für eine solche innere epische Struktur. Diese Struktur ist der Umsetzung eines epischen Stoffes in die dramatische Form weitgehend hinderlich, wie an der Stoffgeschichte der »Odyssee«, des »Don Quijote« und der »Nibelungen« zu erkennen ist; der Dramatiker sieht sich allenfalls auf episodische Ausschnitte aus dem epischen Stoff oder rigorose Zusammenziehungen verwiesen.

In der Lyrik sind im Unterschied zu den pragmatischen Dichtungsgattungen nur ein Motiv oder wenige Motive alleinige stoffliche Substanz. Der diese Motive einigende Faktor ist meist die Stimmung, die auch das Bindeglied für die Motive eines Gedichtes bildet. Die Umwandlung der epischen oder lehrhaft-theologischen Motive des Leidens Christi in echte lyrische Motive konnte in der Geschichte des Kirchenliedes immer dann erfolgen, wenn die mystische Haltung des Autors und des Publikums eine mitleidende, stimmungsmäßige Beziehung zwischen dem Kruzifixus und dem »Betrachter« des Leidens ergab. Eine Studie über die Lyrik C. F. Meyers, die von dem Unterschied zwischen primär ›erfahrenen‹ Motiven und sekundär gefundenen und getesteten Stoffen ausging und Meyers Gedichte sowohl untereinander als auch mit frühen, oft ungedruckten Fassungen verglich, erbrachte die Erkenntnis, daß Meyer die Motive in immer neue stoffliche Zusammenhänge einsetzte und mit unterschiedlichen Motiven verknüpfte, bis ein im gleichen Stimmungsbereich liegender stofflicher Rahmen gefunden war. Die Stimmung, welche die lyrischen Motive prägt und bindet, ist oft mit der Vers- und Strophenform des Gedichtes gegeben.

Während gute Untersuchungen über die Affinität von Stoffen, Motiven und Literaturgattungen auf dem Gebiet der Kunstliteratur noch selten sind, hat die Volksliteraturforschung, die den Bereich des Biographischen und die aus ihm zu gewinnenden Erhellungen über ein Kunstwerk ausklammern muß, sich den Strukturfragen seit längerem zugewandt. Seit *Helmut de Boors* Anregung ist ein Teil der Forschung von der Registrierung der Motive zur Untersuchung der Frage übergegangen, wie die einzelnen Gattungen der Volksliteratur diese Motive entsprechend ihrer inneren Struktur und Absicht behandeln. De Boor wies mit einer Untersuchung über den Zwerg im skandinavischen Märchen den Weg: der Zwerg, der als reines Fabelwesen aufgefaßt wurde, findet sich in Skandinavien lediglich in der Märchensphäre, während der Alf, der im Norden zu den geglaubten Wirklichkeiten gehörte, nur im Bereich der Sage auftaucht. Diesen Unterschied in der Behandlung der Motive durch Märchen und Sage hat dann *Max Lüthi* an verschiedenen Motiven nachgeprüft, und er stellte fest, daß die

Motivbehandlung im Märchen ein fortgeschritteneres, späteres Stadium repräsentiert als in der Sage. Die Sage legt Zeugnis ab von einem bestimmten wunderbaren Ereignis, in dem sich der Zusammenstoß von natürlicher und übernatürlicher Welt dokumentierte. Aber während die Motive in den Sagen noch deutliche Bezüge zu Realitäten aufweisen – Ortsbezogenheit, Bezogenheit auf ein bestimmtes übernatürliches Wesen, erotische Bezüge, moralische und ethische Vorstellungen –, sind sie im Märchen bereits dieser Bezüge entkleidet, dadurch abgeschliffen, leicht, transparent, ›mühelos kontaktfähig‹, die Personen sind nur noch Figuren in der Hand höherer Mächte. Hieraus ergab sich, daß die Märchenmotive besonders auswechselbar, die Motivkomplexe nur locker verknüpft, die Rahmenmotive sehr selbständig wurden. Stumpfe und blinde Motive blieben im Stoff bestehen, wurden jedoch häufig in späteren Fassungen durch einen Akt der »Selbstkorrektur« ausgeschieden oder ersetzt. Ein ähnlicher Unterschied wie zwischen Sage und Märchen besteht zwischen Legende und Märchen; die Beziehung der Legende zur Realität ist die Verweisung auf christliche Heilswahrheiten. Von der Sage bzw. Heldendichtung und dem Märchen wiederum scheidet *C. M. Bowra* als präheroische Literaturschicht die schamanistische Dichtung, die dadurch gekennzeichnet ist, daß die Helden selbst Zauberer sind, magische Kräfte besitzen und sich verwandeln können. Die Austauschbarkeit der Motive und ihr lockeres Gefüge teilt die erzählende Volksliteratur mit den gleichfalls mündlich überlieferten lyrischen Gattungen der Volksballade und des Volksliedes. Das berühmte sprunghafte Element des Volksliedes beruht auf dem lässig verknüpften Motivbestand und der Bewahrung stumpfer, unverständlich gewordener Motive.

*Literatur:*

*Zum Grundsätzlichen:*

*Helmut de Boor:* Märchenforschung, in: ZfDk. 42, 1928, S. 561 bis 581. – *Max Lüthi:* Das europäische Volksmärchen, 1947, [2]1960. – *Ders.:* Gattungsstile. Sage und Märchen, in: Wirkendes Wort 4, 1953/54, S. 321–327. – *Ders.:* Volksmärchen und Volkssage. Zwei Grundformen erzählender Dichtung, 1961.

*Heinrich Henel:* The Poetry of Conrad Ferdinand Meyer, Madison, Wis., USA 1954.

*Cecil Maurice Bowra:* Heroic Poetry, London [2]1961, deutsch: Heldendichtung. Eine vergleichende Phänomenologie der heroischen Poesie aller Völker und Zeiten, 1964.

*Adolf Beiss:* Nexus und Motive. Beitrag zur Theorie des Dramas, in: DVjs. 36, 1962, S. 248–276.

*Adolf Haslinger:* »Dies Bildnisz ist bezaubernd schön«. Zum Thema ›Motiv und epische Struktur‹ im höfischen Roman des Barock, in: Literaturwissenschaftl. Jb. 9, 1968, S. 83–140.

*Zu einzelnen Stoffen und Motiven:*

*Paul Nicolai:* Der Ariadne-Stoff in der Entwicklungsgeschichte der deutschen Oper, Diss. Rostock 1919. – *Lilith Friedmann:* Die Gestaltungen des Ariadne-Stoffes von der Antike bis zur Neuzeit, Diss. Wien 1933. – *Edeltraud Meinschad:* Die Ariadnesage in der Literatur des 18. Jhs, Diss. Wien 1941.

*Robert Turner:* Didon dans la tragédie de la Renaissance italienne et française Diss. Paris 1926. – *Eberhard Semrau:* Dido in der deutschen Dichtung, 1929.

*Mireille Frauenrath:* Le Fils assassiné. L'Influence d'un sujet donné sur la structure dramatique, 1974.

*Carl von Reinhardstoettner:* Die Plautinischen Lustspiele in späteren Bearbeitungen, I. Amphitruo, 1880. – *Hansres Jacobi:* Amphitryon in Deutschland und Frankreich, Diss. Zürich 1952.

*Paul Blum:* Die Geschichte vom träumenden Bauern in der Weltliteratur, Programm Teschen 35, 1908.

*Helmut de Boor:* Der Zwerg in Skandinavien, in: Festschrift f. E. Mogk, 1924, S. 536–557. – *Max Lüthi:* Die Gabe im Märchen und in der Sage, Diss. Bern 1943.

*Douglas Frederick Bub:* Das Leiden Christi als Motiv im deutschen Kirchenliede der Reformation und des Frühbarocks, Diss. Bern 1951.

*Wilhelm Grenzmann:* Die Jungfrau von Orleans in der Dichtung, 1929. – *Eduard von Jan:* Das Bild der Jeanne d'Arc in den letzten 25 Jahren, in: Romanist. Jb. 5, 1952, S. 101–137. – *Hans Rudolf Hilty:* Jeanne d'Arc bei Schiller und Anouilh, 1960. – *Helen M. O'Connor:* Jeanne d'Arc dans le théâtre contemporain français, anglais et américain, Diss. Laval Univ., Quebec, Kanada, 1956.

*Karl Kipka:* Maria Stuart im Drama der Weltliteratur, vornehmlich des 17. u. 18. Jhs, 1907.

*Werner Kraft:* Von Bassompierre zu Hofmannsthal, zur Geschichte eines Novellenmotivs, in: Revue de Littérature Comparée 15, 1935, S. 481–490 u. 694–725. – *Hans-Friedrich Rosenfeld:* Handschuh und Schleier. Zur Geschichte eines literarischen Symbols, Helsingfors 1957.

Zu einzelnen Stoffen und Motiven vgl. auch die Artikel und bibliographischen Angaben in: *Elisabeth Frenzel:* Stoffe der Weltliteratur, $^{4}$1976, und *dies.:* Motive der Weltliteratur, 1976.

*Strukturveränderung bei Gattungswechsel*

Die durch Gattungswechsel bedingten Strukturveränderungen sind ein zentraler Gegenstand der Forschung. In der Frage des Übertritts der frühen germanisch-deutschen Heldenlieder in die Form des mittelhochdeutschen Epos hat *Andreas Heusler* eine ›Schwelltheorie‹ aufgestellt, die *Heinz Stolte* am Beispiel des Tristan-Stoffes noch genauer als eine Theorie der Motivverdoppelung oder des ›Motivreims‹ erwies. Um »Schwellung« handelt es sich in gewissem Sinne auch bei einem neueren Werk wie dem »24. Februar« von Zacharias Werner. Seine einaktige Schicksaltragödie entsprach in ihrer inneren Struktur genau der nach Phasen gestaffelten Struktur des schmalen Stoffes von den ›Mordeltern‹, welcher der ›einfachen Form‹ des Memorabiles zuzuordnen ist, dieser wurde jedoch durch die als erzählte Vergangenheit vorgeschaltete, gleichfalls der Gattung Memorabile zugehörige Geschichte von der Familienkatastrophe erweitert und beide durch das diesem Genre adäquate, der Als-ob-Logik der Vorgänge entsprechende Motiv des Familienfluches zu einem die ursprüngliche Struktur nicht verändernden dramatischen Ganzen verbunden. *Eckehard Catholy* hat am Beispiel der Überführung des »Volksbuches von Salomon und Markolf« in ein Fastnachtspiel nachgewiesen, daß hier ein zwar erzählerischer, aber doch dialogisch vorgeprägter und in einzelne Episoden wie in Szenen zerfallender Stoff der dialogischen Struktur des Fastnachtspiels und zugleich der Vorliebe des Autors Hans Folz für den Dialog entgegenkam und so durch ein geschicktes Auslese- und Konzentrationsverfahren sowie durch eine schärfere Herausarbeitung der beiden Hauptcharaktere ohne Schwierigkeiten der Form des Fastnachtspiels angepaßt werden konnte. Die einzigen wirklichen Änderungen am Beginn und am Schluß, die in ihrer reihenden Technik zunächst auf dramaturgisches Unvermögen zurückzugehen scheinen, dienten bewußt der Verschränkung der Spielsphäre mit der realen Sphäre der Fastnachtsgesellschaft, also einem Strukturgesetz des Fastnachtspiels. Diese Art der Transponierung ist nach Catholy symptomatisch für die Entwicklung des spätmittelalterlichen Fastnachtspiels, das seine Stoffe aus der mündlich vorgetragenen Schwank- und Novellendichtung bezog. Alle Umformungen des von Brentano geschaffenen und von ihm in Ballade und Märchen merkwürdig tupfenhaft, schwebend und widersprüchlich gelassenen, von Heine aufgenommenen Lorelei-Stoffs in epische und dramatische Gattungen vermochten nichts anderes, als zu dem lyrischen Momentbild der Gestalt auf dem Felsen eine Vor- und Nachgeschichte zu erfinden, und haben so das Motiv der dämonischen Verführerin nicht umgeschmolzen, sondern gedehnt, kausal unterbaut und seinen Zauber zerstört.

Die Strukturveränderung zieht natürlich oft Sinnesänderung nach sich oder ist mit ihr identisch. Infolge der Rationalisierung, die beim Übertritt eines Märchenstoffes in die Kunstform der Novelle maßgebend beteiligt ist, muß alles Wunderbare getilgt und der Rest an »Unvernünftigem«, wie *Paul Ernst* darlegte, durch Begründung glaubhaft gemacht werden. Die magische Geschichte vom gegessenen Herzen, die altindischer Herkunft ist, wurde im Bereich höfischer Dichtung durch die Affinität gewisser Motive zu den Vorstellungen des Minnedienstes eine romantische Erzählung, deren Held sogar mehrfach mit historischen Minnesängern (Reinmar von Brennenberg, Guy de Coucy) identifiziert wurde. Die dadurch entstandene Dämpfung des Grausigen entfernte das Motiv nicht nur weit von seinem magischen Ursprung, sondern begründete auch eine gewisse Inkonsequenz im Poetischen: Die Dame ißt nunmehr auf Befehl des Gatten nicht das Herz des eben von ihm getöteten Liebhabers, sondern das einbalsamierte Herz, das der im Heiligen Land verstorbene Geliebte ihr durch seinen Knappen sendet. Ebensoweit, wenn auch in anderer Richtung, entfernte sich Boccaccios Bearbeitung dieses Stoffes von den magischen Ursprüngen; seine Novelle ist eine ganz unmärchenhafte Ehe- und Treubruchsgeschichte. Beim Übertritt aus dem Bereich der Sage in den des Märchens schließlich ist mit dem Abschleifen der Kerne ein Verlust des Magischen wie auch des eigentlich Heldenmäßigen gegenüber dieser magischen Welt verbunden. Die Helden der Sage erringen durch Mut und Bewährung und mit Hilfe von Schutzgeistern den Schatz und die Königstochter, den Helden des Märchens wird beides durch unvermittelt eingreifende unbekannte jenseitige Mächte in den Schoß gelegt, ohne daß sie es suchen.

*Literatur:*

*Paul Ernst:* Ein Novellenstoff, in: *P. E.*, Weg zur Form, [3]1928, S. 278–290.

*Otto Görner:* Vom Memorabile zur Schicksalstragödie, 1931.

*Heinz Stolte:* Eilhart und Gottfried. Studie über Motivreim und Aufbaustil, 1941.

*Zu einzelnen Stoffen und Motiven:*

*Franz Rolf Schröder:* Adynata, in: Edda, Skalden, Sagen. Festschrift f. F. Genzmer, 1952, S. 133–137.

*Gaston Paris:* Le Roman du Châtelain de Coucy, in: Romania 8 (1879), S. 343–373. – *Hermann Patzig:* Zur Geschichte des Herzmäre, Progr. Berlin 1891. – *Emil Lorenz:* Die ›Kastellanin von Vergi‹, in der Literatur Frankreichs, Italiens, der Niederlande, Englands und Deutschlands, mit einer deutschen Übersetzung der altfranzösischen Versnovelle und einem Anhang: Die ›Kastellanin von Couci‹-sage als ›Gabrielle de Vergi‹-legende, 1909. – *Fritz Rostock:* Die Brembergersage, in: *F. R.*, Mittelhochdeutsche Dichterheldensage, 1925, S. 16–18.

*Eckehard Catholy:* Das Fastnachtspiel des Spätmittelalters, 1961.

*Ernst Beutler:* »Der König in Thule« und die Dichtungen von der Loreley, in: *E. B.*, Essays um Goethe, Bd 2, 1947. – *Rotraud Ehrenzeller-Favre:* Loreley. Entstehung und Wandlung einer Sage, Diss. Zürich 1948.

Zu einzelnen Stoffen und Motiven vgl. auch die Artikel und bibliographischen Angaben in: *Elisabeth Frenzel:* Stoffe der Weltliteratur, ⁴1976, und *dies.:* Motive der Weltliteratur, 1976.

## *Wachstum und Wahlverwandtschaft von Stoffen und Motiven*

Das Wachstum eines Stoffes gemäß der ihm innewohnenden ›Eigenbewegung‹ (Paul Ernst) kann sich im Erlebnis- und Gestaltungsbereich eines einzigen Dichters vollziehen, ebenso jedoch unter Mitwirkung vieler bekannter sowie anonymer dichterischer Kräfte im Laufe von Jahrhunderten. Aus einem Topos, einem Zug, einem Bild kann ein handlungstragendes Motiv werden. *Ernst Robert Curtius* hat eine Anzahl solcher Entwicklungsvorgänge festgehalten. Beispielhaft ist etwa, wie der alte Platonische Vergleich des Menschenlebens mit einer Komödie oder Tragödie und der des Menschen mit einer Marionette in der Gedankenwelt des Barock sowie in den deterministischen Vorstellungen des 19. Jahrhunderts fruchtbar wird. Calderón hat ihn in seinem »Großen Welttheater« in dramatische Aktion umgesetzt, und Hofmannsthal hat diese Dramatisierung erneuert. Ein ähnlicher Vorgang vollzog sich mit der bukolischen Ideallandschaft der Antike, dem Locus amoenus, der als stereotype Naturbeschreibung über das Mittellatein in die abendländische Dichtung eindrang. In der geistlichen Dichtung wurde dieser Topos Teil der Paradiesbeschreibung, in der weltlichen, so etwa in der Pastourelle und der deutschen höfischen Dorfpoesie, der Lustort, an dem die Liebenden zueinanderfinden.

Er verwandelte sich in der höfischen Literatur mitunter in die zivilisierte Form des Baumgartens, und er bildete mit allen Details – Wiese, Bach, schattigen Bäumen, Vogelsang, linden Winden – das »wunnecliche tal«, das in Gottfried von Straßburgs »Tristan« die Minnegrotte umgibt. Gottfried verschmolz die antik-sinnliche und die sakrale Bedeutungssphäre des Topos zu einem ambivalenten Vorstellungsgefüge und füllte es mit neuem höfischen Gehalt, indem er den Schauplatz an repräsentative Vorgänge im Bereich der ritterlichen Minne band und indem er durch das aus dem Natureingang des Minnesangs übernommene Vokabular des Maibildes die antike Landschaft in eine nördliche, deutsche übersetzte. Auch in der barocken Lyrik lebte der antike Landschaftstopos fort, und in Shakespeares »Sommernachtstraum« ist er gleichsam mit allen Requisiten dramatisiert worden. Ein fruchtbares lyrisches Motiv erwuchs aus dem Topos vom himmlischen Feuer, und die Personifikation der Natura entwickelte sich aus spätantiken Vorstellungen bis hin zu Alanus de Insulis und der Verschmelzung mit der Gestalt der Jungfrau Maria in Frauenlobs »Marienleich«. Die Motive des höfischen Liebens, der Widerstreit der erotischen Gefühle und Erwägungen, wurden in späterer Zeit, erstmals im Rosenroman des Guillaume de Lorris, zu allegorischen Figuren hypostasiert und verselbständigten sich als ein fester, nach Spielregeln funktionierender Motivbestand in der spätmittelalterlichen Gattung der Minne-Allegorie, die so das mittelalterliche Symboldenken gleichsam in der Erstarrung und Normung zu vollster Entfaltung brachte. Das mittelalterliche Motiv des Streitgespräches zwischen Mensch und Tod gewann poetische Selbständigkeit im »Ackermann aus Böhmen« und in Hofmannsthals »Der Tor und der Tod«.

Nicht nur ein solches aus der Eigenbewegung, also gewissermaßen durch Zellteilung, erfolgendes Anwachsen stofflicher Einheiten kann festgestellt werden, sondern auch ein solches durch Verschmelzung mit anderen Motiven sowie durch Ankristallisierung ursprünglich fremder Züge, also durch eine auf Wahlverwandtschaft beruhende Verbindung. Das Heimkehrer-Motiv z. B. besitzt eine durch die Situation nahegelegte Wahlverwandtschaft mit dem Motiv des Mannes zwischen zwei Frauen und dem Motiv der Frau zwischen zwei Männern. Aus der ersten Kombination entwickelte sich vor allem der Graf-von-Gleichen-Stoff, aus dem zweiten Gellerts »Das Leben der schwedischen Gräfin von G...«. Das Kronprätendenten-Motiv verband sich im Demetrius-Stoff und im Falschen-Waldemar-

Stoff häufig mit dem Motiv des betrogenen Betrügers, das Motiv des herkunftsbedingten Liebeskonflikts wurde in der Sage von Fair Rosamond und in der von der Jüdin von Toledo durch Hinzuziehung des Motivs der Nebenbuhlerschaft und der Rache der eifersüchtigen Ehefrau gelöst. Im Don-Juan-Stoff verschmolz das Motiv des Verführers und der Verführten mit der moralisierenden Geschichte von der Bestrafung eines Frevlers durch den »steinernen Gast«. Das alte magische Motiv von der dämonischen Verführerin wurde seit Fouqués »Undine« dadurch modernem Denken angepaßt, daß die Sehnsucht nach einer Seele das unbeseelte Wesen zur Ehe mit einem Menschen drängt. Das mythische Amazonen-Motiv samt der Freierprobe, das im Siegfried-Brünhild-Konflikt heroisch-tragische Verwendung fand, nahm im Turandot-Stoff heitere Züge an und wurde durch Koppelung mit dem novellistischen Motiv des Gegenrätsels tragfähiger und zugleich dialektisch, was seine dramatische Verwendung ermöglichte. Ähnlich gab das durch ein Gedicht Heines angedeutete Motiv der Liebe zwischen Mörderin und Ermordetem dem Märtyrer-Motiv und dem Schicksal Johannes' des Täufers die dialektische Nuance, die für seine Behandlung seit der Mitte des 19. Jahrhunderts entscheidend wurde. Wichtig bei der Verknüpfung zweier Motive ist ihr Verhältnis zueinander und die Wahrung des Gleichgewichts innerhalb des Stoffes oder der lyrischen Komposition.

*Literatur:*

*Zum Grundsätzlichen:*

*Ernst Robert Curtius:* Europäische Literatur und lateinisches Mittelalter, 1948, [7]1969.

*Zu einzelnen Stoffen und Motiven:*

*Theodor Blasius:* Das himmlische Feuer. Eine motivgeschichtliche Studie, Diss. Bonn 1949.

*Frederic C. Tubach:* The locus amoenus in the Tristan of Gottfried von Straszburg, in: Neophilologus 43, 1959, S. 37–42. – *Rainer Gruenter:* Das ›wunnecliche tal‹, in: Euph. 55, 1961, S. 341–404. – *Karl Hammerle:* Das Titanialager des »Sommernachtstraumes« als Nachhall des Topos vom locus amoenus, in: Jb. d. Shakespeare-Ges. 90, 1954, S. 279–284.

*Rudolf Krayer:* Frauenlob und die Natur-Allegorese. Motivgeschichtliche Untersuchungen. Ein Beitrag zur Geschichte des antiken Traditionsgutes, 1960.

*Rainer Gruenter:* Bemerkungen zum Problem des Allegorischen in der deutschen ›Minneallegorie‹, in: Euph. 51, 1957, S. 2–22.

*Herman Meyer:* Hütte und Palast in der Dichtung des 18. Jhs, in:

Formenwandel. Festschrift zum 65. Geb. von Paul Böckmann, 1964, S. 138–155.

*Reimarus Secundus:* Stoffgeschichte der Salome-Dichtungen, 1913. – *Hertha Bren:* Die Gestalt der Salome in der französischen Literatur, Diss. Wien 1956. – *Isolde Rex:* Johannes der Täufer in der neueren deutschen Literatur, Diss. Wien 1952.

*Fritz Meier:* Turandot in Persien, in: Zeitschr. d. dt. Morgenländischen Ges. 95, 1941, S. 1–27 u. 415–421. – *Friedrich Cerha:* Der Turandot-Stoff in der deutschen Literatur, Diss. Wien 1949. – *Carl Hentze:* Religiöse und mythische Hintergründe zu Turandot, in: Antaios I, 1960, S. 21–41.

*Wolfgang Stammler:* Der Totentanz. Entstehung und Deutung, 1948. – *Hellmut Rosenfeld:* Der mittelalterliche Totentanz, 1954.

*Rudolf Majut:* Lebensbühne und Marionette, 1931. – *László Buzás:* Der Vergleich des Lebens mit dem Theater in der deutschen Barockliteratur, Pécs 1941. – *Klara Stucki:* Grimmelshausens und Zesens Josephsromane, 1933. – *Herbert Leisegang:* Die Marionette als weltanschauliches Symbol, in: Begegnung 5, 1950, S. 106 bis 110.

*Oswald Floeck:* Die Elementargeister bei Fouqué und anderen Dichtern der romantischen und nachromantischen Zeit, 1909.

Zu einzelnen Stoffen und Motiven vgl. auch die Artikel und bibliographischen Angaben in: *Elisabeth Frenzel:* Stoffe der Weltliteratur, [4]1976, und *dies.:* Motive der Weltliteratur, 1976.

### *Struktur und Funktion von Symbolen*

Untersuchungen über die Art der Struktur und Funktion von Symbolen und Symbolgeweben liegen bisher nur spärlich vor. Da das Symbol nicht, wie das Motiv, ein Baustein des Kunstwerks, sondern ein mit dem Wesen des Künstlerischen an sich verbundener Prozeß ist, deckt sich das Symbol nicht mit eindeutig bestimmbaren Handlungsteilen, sondern seine Funktion kann sowohl von dem Kunstwerk als Ganzem wie von dessen Gliedern – Handlungspartien, Gestalten, Landschaften, Dingen und Bildern – übernommen werden. Greift etwa der Titel eines Werks gleichnishaft auf Gestalten des Mythos oder der Geschichte zurück, wie im Falle von Thomas Manns »Wälsungenblut«, Hauptmanns »Promethidenlos«, Joyces »Ulysses«, Elisabeth Langgässers »Proserpina«, so macht dieser Verweischarakter des Titels die realistische Handlung der Erzählung doppeldeutig, transparent, symbolisch, und jeder Punkt der Handlung kann erneut direkte Verweise auf das mythische Urbild herstellen. Durch Anspielungen und Zitierungen, wie in

Joyces »Ulysses« die Anspielungen auf Homer und auf Dantes »Göttliche Komödie«, läßt der Dichter eine andere Welt in die des Romans hineinleuchten. *Herman Meyer* wies nach, wie die kontrapunktisch ineinanderklingenden Eingangszitate des Murr-Teiles und des Kreisler-Teiles von E. T. A. Hoffmanns »Lebensansichten des Katers Murr ...« einen den Sinn der Spießer- wie der Künstlerexistenz erschließenden Symbolwert haben, ähnlich wie die Zitate aus Geßners »Idyllen« und Cobers »Aufrichtigem Kabinettsprediger« in Raabes »Hastenbeck« oder die Strophe von der sich umgestaltenden Wolke aus dem »Westöstlichen Divan« im Schlußkapitel von Thomas Manns Roman »Lotte in Weimar«. Durch Nebeneinanderstellen zeitlich und sachlich getrennter Dinge und Ereignisse, also durch eine Art Montage etwa von augenblicklicher Empfindung und von Erinnerung wie in Thomas Manns »Tonio Kröger«, kann eine ähnliche Doppelbödigkeit des Geschehens geschaffen werden. Handlungsteile wie die Vision Fausts in der Blocksbergszene oder die des vom Schneesturm überfallenen Hans Castorp im »Zauberberg« beleuchten symbolisch die entscheidende Wende der Handlungsentwicklung. Gestalten wie Mignon und der Harfner im »Wilhelm Meister«, deren Besonderheit durch die ihnen zugeordneten, in die Erzählprosa eingelassenen Lieder unterstrichen wird, der schwarze Geiger in Kellers »Romeo und Julia auf dem Dorfe«, der Bettler in Stifters »Die Mappe meines Urgroßvaters«, die verschiedenen Sendboten des Todes in Thomas Manns »Der Tod in Venedig«, der Wal bei Melville und die Wildente bei Ibsen haben für die Handlung eine symbolische, weiterweisende, deutende Funktion, ebenso auch symbolische Lokalitäten wie das Rosenhaus im »Nachsommer«, die Katzenmühle im »Abu Telfan«, der Stechlin in Fontanes Altersroman. Am häufigsten sind Dingsymbole wie die verschiedenen Kästchen im Spätwerk Goethes, die Lampe in Grillparzers »Des Meeres und der Liebe Wellen« und der Ring in Wagners Nibelungen-Tetralogie. Das Bildsymbol steht in der Lyrik an zentraler Stelle, taucht jedoch auch in den pragmatischen Dichtungsgattungen mit mehr ornamentaler Funktion auf. Genannt seien das Schiffer-Gleichnis am Ende von Goethes »Tasso«, das Bild der Marionette in »Dantons Tod« sowie die Reklame-Slogans und eingeblendeten Zitate im Erzählwerk Heinrich Bölls.

Alle diese Arten von Symbolen stehen zwar als echte Glieder im Aufbau der Dichtung, haben darüber hinaus jedoch eine einerseits sinnerhellende, andererseits konstruktive Funktion.

Nahezu keine Dichtung begnügt sich mit einem einzigen Symbol und läßt dieses etwa nur einmal erscheinen. Meist dient der Dichtung als inneres Gerüst ein Symbolgewebe nebeneinandergeordneter, aber miteinander in Beziehung gesetzter oder auch dem Hauptsymbol untergeordneter und auf dieses hinzielender Symbole. Es gehört zum Charakteristikum des Symbols, daß es wiederholt und meist variiert auftaucht. Sein Sinn ist nie isoliert, sondern hängt mit dem Bewegungsablauf des ganzen Kunstwerks zusammen. Am eingehendsten analysiert sind die Symbolgewebe im Werk des reifen Goethe, in der »Natürlichen Tochter«, den »Wahlverwandtschaften«, den »Wanderjahren« und im »Faust«. Nach *Emrich* sind sämtliche Sinnelemente im »Faust« nichts anderes als Aufbauelemente des Dichterischen überhaupt, und ihre Erforschung gibt die Möglichkeit, das Poetische als unmittelbaren Bildungsprozeß zu erkennen. Goethes Symbole sind antinomisch gestaltet, polare Begriffe und Möglichkeiten sind in ihnen – etwa dem Gold, dem Schleier, dem Spiegel – verschränkt. Dadurch bieten sie nicht etwas rationalistisch Abschließendes, sondern sie öffnen den Sinn der Dichtung und lassen ihn zugleich offen, denn sie können erneut im nahezu gegenteiligen Sinn auftauchen. Goethes Methode, mit Symbolen auf Urphänomene hinzudeuten, das Verhältnis von Natur und Geist darzustellen, steht nach *Böckmann* im geheimen Bezug zu seinem naturwissenschaftlichen Verfahren. In der »Farbenlehre« hat er die Funktion der Symbole als emotional, als durch ihre Wirkung auf das menschliche Gefühl sich aufschließend, definiert. Die Erkenntnis des inneren Aufbaus von Goethes Symbolen hilft die Frage nach der Gesetzlichkeit und Notwendigkeit einzelner Teile und der Einheit des Ganzen von »Faust II« ebenso lösen, wie das Formprinzip der »Wanderjahre« sich von dem Zentralsymbol des Kästchens und seiner ausstrahlenden und verbindenden Funktion her erschließt. Die symbolischen Gegenstände werden von ihrem natürlichen So-Sein abstrahiert, »lakonisch ins Enge gezogen zu künstlerischem Zweck« und dadurch »prägnant«. Dieses Verfahren hat *Walter Killy* für die symbolischen Dinge und Landschaftselemente in den »Wahlverwandtschaften« untersucht und an dem von den Zeitgenossen für ›realistisch‹ gehaltenen Roman ein Prinzip der Auswahl zum Zwecke der Herstellung eines Kunstganzen, zur Schaffung jener Verknüpfung und Folgerichtigkeit, die dem Leben abgeht, nachgewiesen. Die Dingsymbole – Teich, Kahn, Platanen, Trinkglas – sind untereinander verbunden und ein verbindendes Element des Ganzen; ihr wiederholtes Auftauchen schafft innerhalb des Werkes Gliederung und Proportionen ähnlich denen, die durch die Wiederholung eines Themas in der Musik hervorgerufen werden. In der Lyrik wird solche rhythmisierende Funktion der Symbole allein schon durch die Klangwirkung des mehrfach eingesetzten Wortes erreicht, in den umfangreicheren Werken anderer Gattungen durch eine gewisse Akzentsetzung, die durch das wiederholte Auftauchen des gleichen Symbols, etwa der verschiedenen Todesboten in Thomas Manns »Tod in Venedig« oder der Bilder der Verwesung in Shakespeares »Hamlet«, hervorgerufen wird. Eine ähnliche Funktion des Symbols ist durch Arbeiten von *Hermann Pongs* und *Benno von Wiese* für die sehr artistische, aussparende Kunstform der deutschen Novelle nachgewiesen worden. Hier fällt die Herauskristallisierung eines Symbols mit der wiederholt umschriebenen Struktur der Novelle um die ›unerhörte Begebenheit‹ zusammen. Pongs hat die langsame Vergeistigung der Pointe der italienischen Gesellschaftsnovelle zum Symbol der deutschen Novelle dargestellt. In Kleists »Erdbeben in Chili« ist das Symbol das aus der unerlaubten Verbindung der Eltern hervorgegangene, bei ihrem Untergang übrigbleibende Kind, in der »Marquise von O ...« der Traum des Mannes von dem Schwan, den er vergebens zu beschmutzen sucht, in »Michael Kohlhaas« das Rappenpaar. Ähnlich ballt sich in dem Symbol der schwarzen Spinne bei Gotthelf und der Judenbuche bei Annette von Droste-Hülshoff das Erzählte im Sinnbild zusammen. Die Symbole sind hier zentraler Kristallisationspunkt der dichterischen Komposition und halten, zum Beispiel in »Michael Kohlhaas«, in der »Schwarzen Spinne« und der »Judenbuche«, verschiedene Handlungsstränge sowie zeitliche Ebenen der Erzählung zusammen. Von den funktionellen Symbolen unterscheidet Pongs die vor allem in der Tragödie herrschenden existenzerhellenden Symbole, welche »die im wirksamsten Zeichen zusammengeschlossene Antwort des Menschen auf die ihn überall umgebenden Dämonen sind«. Ein solches existenzerhellendes Symbol ist etwa Dantons Angsttraum von seinem Ritt auf der Erdkugel, ein Gleichnis der Ausgesetztheit menschlicher Existenz, das der Funktion des dramatischen Bildes, einen »Vorgang von unauflöslicher Dissonanz« sichtbar zu machen, entspricht. Diesen Eindruck hebt Büchner dann in der letzten Szene »mit Hilfe eines den dramatischen Impuls gleichsam überwindenden und ausschaltenden Griffs«, nämlich durch das lyrische Bild vom Schnitter Tod, der Gewalt vom höchsten Gott hat, auf und bringt durch dieses kontrapunktische Symbol zugleich das Drama zum Abschluß.

Die verbindende Funktion der erhellenden Symbole erstreckt sich nicht nur auf die Glieder des Kunstwerkes, sondern auch auf die Beziehung von Dichter und Kunstwerk zum Publikum, das im Enträtseln und Verstehen der Symbole sie zugleich als Bilder und Ausstrahlungen höherer Kräfte, ähnlich wie im Falle religiöser und nationaler Symbole, anerkennt und sich von der Appellqualität der Symbole ge- und betroffen fühlt.

*Literatur:*


*Zu Goethes Symbolen:*

Vgl. die auf S. 63–64 zum Abschnitt »Prävalenz« angegebene Literatur.

*Zum Symbol in der Novelle:*

*Hermann Pongs:* Aufsätze zur Novelle, in: *H. P.*, Das Bild in der Dichtung, Bd 2: Voruntersuchungen zum Symbol, 1939, S. 97 bis 296.

*Benno von Wiese:* Bildsymbole in der deutschen Novelle, in: Publications of the English Goethe Society, N. S. XXIV, 1955, S. 131 bis 158.

*Henry H. Remak:* Vinegar and Water: Allegory and Symbolism in the German Novelle between Keller and Bergengruen, in: Literary Symbolism. A Symposium, hrsg. v. *H. Rehder*, Austin u. London 1965, S. 33–62.

*Zum Symbol im Drama:*

*Hermann Pongs:* Dichter und Volk im Drama, in: *H. P.*, Das Bild in der Dichtung, Bd 2: Voruntersuchungen zum Symbol, 1939, S. 497–583.

*Anneliese Bach:* Das dramatische Bild in Georg Büchners Tragödie »Dantons Tod«, in: Unterscheidung und Bewahrung, Festschrift f. Hermann Kunisch zum 60. Geb., 1961, S. 1–11.

*Ernst Schüler:* Metapher, Allegorie und Symbol in den Dramen Georg Kaisers, Diss. New Haven 1965.


## *Symboldeutung*

Im Gegensatz zu Stoff und Motiv, die unmittelbar ansprechen, bedarf der Bedeutungscharakter des Symbols einer nach dem Sinn suchenden Interpretation.

Goethes Formulierung, daß poetische Symbole nicht entschlüsselt, sondern »suppliert« werden wollen, ist für diesen Zweig der Forschung maßgebend geworden. Das Symbol entzieht sich im Grunde begrifflicher Festlegung und ist zerstört, wenn es ins Bildlos-Generelle übersetzt wird. Daher rührt im wesentlichen auch die Kritik der neueren Forschung an der Gleichsetzung dichterischer Symbole mit mythischen Archetypen und an der Deutung poetischer Sinnbilder mit Hilfe der Archetypenlehre. Es entstehen durch solche Gleichsetzung zum Beispiel der kindlichen Geniusgestalten im Werk Goethes mit dem archetypischen ›göttlichen Kind‹ oder der elbischen Mädchengestalten Hauptmanns mit dem ›göttlichen Mädchen‹ Identifikationen, die weithergeholt wirken und für das spezifische poetische Symbol meist nichts besagen. Die archetypische Deutung will wie jede rationalistische Interpretation begreifen und festlegen, aber nicht supplieren. Auch wird die Vorstellung von Urbildern, die den Menschen und Völkern eigentümlich sind und durch die Jahrhunderte hin weitergegeben oder von den Dichtern aus dem Unbewußten heraufgeholt werden, dem dichterischen Schöpfungsakt und dem Wesen des Wortkunstwerks und seiner Ausdrucksformen nicht gerecht. Die Geniussymbolik bei Goethe ist nur vor dem Hintergrund spezifischer persönlicher und geschichtlicher Probleme verständlich. Die innere Gespanntheit der als doppelgeschlechtlich charakterisierten Geniusgestalten ist nach *Emrich* z. B. im Falle Mignons aus dem Ringen Goethes zwischen der selbstherrlichen, gesellschaftsfeindlichen Genieauffassung des Sturms und Drangs und der in Weimar entstehenden neuen, die Harmonie zwischen Kunst und Gesellschaft erstrebenden Anschauung zu erklären. Mignon, »positiv und negativ zugleich gestaltet« (*Emrich:* »Symbolinterpretation« S. 52), muß als außerzivilisatorisches Naturkind in der Umgebung Natalies und der Gesellschaft vom Turm als krankhaft erscheinen, ihre negativen Züge treten mit der fortschreitenden Handlung der »Lehrjahre« und mit der wachsenden Festigung der neuen Anschauung Goethes deutlicher hervor. Spätere Geniusgestalten Goethes, aus anderen seelischen Situationen erwachsen, besitzen die spezifischen Spannungsmerkmale Mignons nicht mehr, dafür sind andere Konflikte durch sie ausgedrückt: durch die Homunkulusgestalt naturwissenschaftliche Probleme und durch Euphorion die Spannung zwischen Klassik und Romantik. Auch die Gleichsetzung des vieldiskutierten Kästchens der »Wanderjahre« mit dem von Goethe in den »Römischen Elegien« erwähnten Kästchen der Eleusinischen Mysterien und des Demeterkults und seine daraus abgeleitete Deutung als erotisches Symbol ist nicht zwingend und kann nur einem Teil seiner Funktion gerecht werden. Gerade das häufige Auftauchen des Kästchen-Symbols in Goethes Werk läßt eine besondere Sinnfülle und Wandlungsfähigkeit vermuten und sollte den Deuter warnen, es immer mit dem gleichen Schlüssel erschließen zu wollen. Zwar sind die dichterischen Symbole oft tatsächlich ›Ersatzmythologeme‹ *(Mühlher)*, aber nicht archetypische, sondern neugeschaffene. Eine etwaige Beziehung zwischen dichterischem und archetypischem Bild ist nicht kausal. Das dichterische Bild ist »keinem Schub unterworfen. Es ist nicht das Echo der Vergangenheit« (*Bachelard* S. 10). Die psychoanalytische Erklärung von Bildern und Symbolen geht außerdem immer von der Psyche des Dichters aus. Für den Psychoanalytiker »ist die Sublimierung nur eine Kompensierung in vertikaler Richtung, eine Flucht nach oben« (*Bachelard* S. 23). Das wird etwa an der von *Rosteutscher* in einer Freuds und Jungs Aspekte kombinierenden Methode vorgenommenen Untersuchung der dichterischen Idolbildung deutlich. Ihm ist Idolbildung »individuelle ›Kompensation‹, die ... das ursprüngliche Liebesobjekt umwandelt in eine das ganze Leben des Betroffenen beherrschende und durchdringende geistige Potenz«, deren Ausprägung durch das Hinzutreten archetypischer Bilder ermöglicht wird. Die Beziehung zwischen den »autochthon« in der Seele des Dichters wiederentstandenen Mythen zu traditionellen Mythen wird hier als ein sekundär vollzogener Akt dargestellt, die Bildungssubstanz des Dichters, die ja oft sehr tiefen Schichten des Bewußten und Unbewußten angehört, seine bewußten künstlerischen Bemühungen um die Verschmelzung von Erlebnis und vorgeprägtem Symbol oder Stoff sowie die Eigenbewegung und Eigenkraft der stofflichen Elemente werden weitgehend außer acht gelassen, um dem postulierten archetypisch-mythischen Erleben Raum zu schaffen. Die ontologisch-morphologische Untersuchung des Literarhistorikers muß daher von der mythologischen unterschieden werden, und seine Arbeit setzt dort ein, wo die neue, eigenständige Leistung des Dichters beginnt.

Jedem Symbol ist durch seinen Charakter und seine Eigenschaften auf der natürlichen oder geschichtlichen Ebene, auf die eine Hälfte seines Wesens gehört, ein bestimmter Deutungs- und Beziehungsbereich zugewiesen, über den weder Dichter noch Deuter sich hinwegsetzen können. Darum hat ein gutes poetisches Symbol schon als Vorgang, Person oder Ding die Eigenschaft, daß es einen transzendenten Bezirk mitschwingen läßt. Der Traum Hans Castorps im »Zauberberg« ist die Einbruchstelle für diesen Bezirk. Transparenz, Empfänglichkeit, Füllbarkeit, Doppeldeutigkeit lassen Gegenstände wie Krug und Kästchen, Höhle und Haus, Becher und Nest, Brunnen, Gold,

Wasser und Feuer Symbolkraft besitzen. Eine Untersuchung des Spiegelsymbols in seinen vielen Deutungsmöglichkeiten und dichterischen ›Füllungen‹ hat diese Seite der Symboldeutung erschöpfend behandelt und dadurch zugleich eine mehr entwicklungsgeschichtlich angelegte ältere Arbeit über das gleiche Symbol sinnvoll ergänzt. Von dem Franzosen *Gaston Bachelard* ist die Poetik des Raumes und damit die Symbolfähigkeit räumlicher Vorstellungen vom Haus bis zur Muschel in ihren Varianten dargestellt worden. Auf den sich gleichbleibenden, aber unter Umständen erst nach und nach erkannten und erschlossenen Grundeigenschaften von Wesen und Dingen beruht auch ihre Symbolisierung in den alten Mythen, so daß also die Gemeinsamkeiten zwischen dichterischen und mythischen Symbolen im wesentlichen von den verwandten Anschauungen der Menschen von der Welt, die sie umgibt, herrühren und allgemein anthropologischer Natur sind. Hierin liegt auch die Tatsache einer gewissen Symboltradition, in geringerem Umfange auch für neugefundene dichterische Symbole, und einer Überschneidung privater Symbolsysteme mit überlieferten Symbolsystemen begründet.

Zu dem Schritt von der natürlichen oder historischen Ebene der Symbol-Wesen und Symbol-Dinge auf die Ebene ihrer tieferen Bedeutung verhilft der Kontext oder der Stellenwert des Symbols in der jeweiligen Dichtung. Die Technik, entsprechende Stellen innerhalb einer bestimmten Dichtung, im Gesamtwerk eines Dichters oder in den Werken einer ganzen Generation zu vergleichen, ist der sicherste Weg der Sinnfindung. Das alleinige Registrieren von Symbolen im Rahmen ihrer Sinnfelder – z. B. lyrischer Symbole, die sich auf den Bezirk des Wassers, der Erde oder des Himmels beziehen – kann zu unbefriedigenden oder irrigen Ergebnissen führen, berücksichtigt man nicht den jeweiligen Zusammenhang im Einzelwerk und darüber hinaus innerhalb der literarischen Generation oder sogar innerhalb einer ganzen literarischen Gattung. Auch der Zusammenhang der einzelnen Stelle mit dem Ganzen eines Werks ist immer wieder zu vergegenwärtigen, weil erst dadurch ein Symbolgewebe, dessen erste Schlinge schon, wie im Falle der »Wanderjahre«, mit dem Titel geknüpft sein kann, in seinen gegenseitigen Bezügen und seinem Verweisungscharakter sichtbar werden dürfte. So ist der Versuch gemacht worden, durch Scheidung der rein epischen und der symbolischen Erzählebene von Gottfrieds »Tristan« und durch Deutung dieser zweiten, die erste erhellenden Ebene Gottfrieds Wertung der Liebe

Tristans und Isoldes zu erkennen und von dieser Interpretation her zugleich den Beweis zu erbringen, daß der unvollendete Charakter des Epos nicht der endgültig vom Dichter gewollte sein kann. Der Raum in Goethes »Wahlverwandtschaften« hat eine sinn- und wertbezogene Bedeutung, Landschaft und Bauten symbolisieren die seelische Verfassung ihrer Gestalter und Besitzer, das Fehlverhalten der Personen zum Raum versinnbildlicht ihren Selbstverlust. Die Deutung der sich in der Lyrik C. F. Meyers wiederholenden Symbole wurde erst möglich, indem man den Werdegang der Symbole bis hin zu den ungedruckten Frühfassungen der Gedichte zurückverfolgte. Den verschlossenen Sinn des Sonnensymbols in Trakls Gedicht »Die Sonne« gelang es durch sorgfältiges Abwägen der beiden entsprechenden Stellen des Gedichts sowie des Kontextes, anderer Gedichte und schließlich der Gedichtentwürfe Trakls als den einer Chiffre für das gute Prinzip aufzuschlüsseln. Sogar eine Art ›kryptisches‹ Symbol wie das der Menge, das der Lyrik Baudelaires »als verborgene Figur eingeprägt« ist, konnte *Walter Benjamin* durch diese Verfahrensweise entdecken.

Die Bedeutung der Symbole ist oft eine andere, als sie mitunter von den Personen innerhalb der Handlung der Dichtung selbst gegeben wird. Es gehört zu der Vielgesichtigkeit des Symbols, daß sein Aspekt mit den Ebenen des Kunstwerks wechselt. Eduard in den »Wahlverwandtschaften« deutet sich die Sinnbildlichkeit des Trinkglases anders als der lesende Interpret es tun muß, und der Wal in Melvilles »Moby Dick« nimmt in den Meinungen der handelnden Personen eine jeweils verschiedene Bedeutung an. Durch Vergleich der Kontexte eines Symbols stößt die Deutung auf weitere Begriffe, die wiederholt in der Nachbarschaft des Symbols auftauchen, und das Verzeichnis solcher Ausstrahlungen kann sehr komplex werden. Gewisse Symbole erscheinen gekoppelt und beleuchten sich gegenseitig. Solche Bezüge erleichtern die Entschlüsselung *(Kenneth Burke)*. Aus diesen Gründen ist die Symboluntersuchung im Bereich der Dichtung eines Autors dem Wesen des Symbols angemessener als die bei der Stoff- und Motivforschung ergiebige Methode der Längsschnitte durch die Epochen. Die Kenntnis der größeren historischen Entwicklung kann im Falle des Symbols mehr der Abhebung der jeweiligen besonderen dichterischen Leistung dienen.

Durch die vergleichende Methode der Symboldeutung läßt sich auch jene Art moderner Gleichnisbildung besser erkennen, bei der es sich nicht mehr um echte Symbole handelt. So wird aus dem Wechselbezug zwischen den einzelnen Bildern und der Gesamtintention im Werk Franz Kafkas klar, daß hier – nach *W. Emrich* – Bilder und Gleichnisse nicht mehr das Wesen der Dinge treffen, sondern nur – entsprechend den Erkenntnissen der modernen Naturwissenschaft – Annäherungswerte ohne eigentliche Qualität und Legitimität darstellen, die auswechselbar sind und durch andere und gegensätzliche Aspekte korrigiert werden müssen.

Die Symboldeutung muß den letztlich nicht rational zu fassenden Charakter des Symbols im Auge behalten, das niemals voll aussagt, was es meint. Diese Spannung zwischen Sinnbild und Wesen darf in der Interpretation nicht aufgehoben werden, und ihre nur punktuelle Deckung muß sichtbar sein, denn die Wissenschaft ist darauf verwiesen, Methoden zu entwickeln, die dem Charakter ihres Gegenstandes adäquat sind. Symbole umschreiben Unaussprechliches, das der Deuter noch weniger in Worte fassen kann als der Dichter, und auf der anderen Seite sind sie dem Bereich des Ästhetischen angehörige, bildhaft schwerelose Schöpfungen, deren Wesen durch allzu viel in sie hineingelegte Bedeutungsschwere zerstört wird. Daher warnt die moderne Symboldeutung immer wieder vor der Vergewaltigung durch die »sichere« Ausdeutung: »Shall we ever identify Moby Dick? Yes, when we have sprinkled salt on the tail of the Absolute; but not before« *(Harry Levin).*

*Literatur:*

*Zum Grundsätzlichen:*

*Wilhelm Emrich:* Symbolinterpretation und Mythenforschung. Möglichkeiten u. Grenzen eines neuen Goetheverständnisses, in: Euph. 47, 1953, S. 38–67; erneut in: *W. E.,* Protest und Verheißung, 1960, S. 67–94.

*Rudolf Nikolaus Maier:* Das Symbolische des Gedichts und die Erziehung des symbolischen Sinns, in: Wirkendes Wort 6, 1955/56, S. 41–53.

*Harry Levin:* Symbolism and Fiction, Charlottesville, Va., USA 1956, S. 36.

*Joachim Rosteutscher:* Das ästhetische Idol im Werke von Winckelmann, Novalis, Hoffmann, Goethe, George und Rilke, 1956, S. 279 u. 281.

*Kenneth Burke:* Symbol and Association, in: Hudson Review 9, 1956/57, S. 212–235.

*Gaston Bachelard:* La poétique de l'espace, Paris 1958; deutsch: Poetik des Raumes, 1960.

*Erich Kahler:* The Nature of Symbol, in: Symbolism in Religion and Literature, hrsg. v. *Rollo May,* New York 1960.

*Johannes Kleinstück:* Mythos und Symbol in englischer Dichtung, 1964.

Vgl. außerdem die auf S. 43–44 zum Abschnitt »Systematische Klärung der Begriffe« angegebene grundlegende Literatur zum Begriff ›Symbol‹.

*Untersuchungen zu einzelnen Symbolen:*

*Petrus W. Tax:* Wort, Sinnbild, Zahl im Tristanroman. Studien zum Denken u. Werten Gottfrieds von Straßburg, 1961.

*Gerta Westerath:* Die Funktionen des Spiegelsymbols in der neueren deutschen Dichtung seit Goethe, Diss. Münster 1953. – *August Langen:* Zur Geschichte des Spiegelsymbols in der deutschen Dichtung, in: GRM 28, 1940, S. 269–280. – Vgl. auch: *Robert Mühlher:* Liebestod und Spiegelmythe in Hoffmanns Märchen »Der goldene Topf«, in: *R. M.*, Dichtung der Krise, 1951, S. 43 bis 95.

*Wolfgang Staroste:* Raumgestaltung und Raumsymbolik in Goethes »Wahlverwandtschaften«, in: Etudes Germaniques 16, 1961, S. 210 bis 222.

*Friedrich Ohly,* Zum Kästchen in Goethes »Wanderjahren«, in: ZfdA 91, 1962, S. 255–262.

*Heinrich Henel:* The Poetry of Conrad Ferdinand Meyer, Madison, Wis., USA 1954.

*Walter Benjamin:* Über einige Motive bei Baudelaire, in: *W. B.*, Schriften, Bd 1, 1955, S. 426–472.

*Reinhold Grimm:* Die Sonne. Bemerkungen zu einem Motiv Georg Trakls, in: DVjs. 35, 1961, S. 224–246.

*Wilhelm Emrich:* Franz Kafka, 1958, S. 78–85.

*Erika Lorenz:* Der metaphorische Kosmos der modernen spanischen Lyrik 1936–1956, 1961; vgl. Besprechung von *Emilie Lledó* in: GRM 43, 1962, S. 106–108.

# Autoren- und Titelregister

Aus den Literaturverzeichnissen sind nur, und zwar als Gruppe, Bibliographien, Lexika und Lehrmaterial in das Sachregister aufgenommen worden.

## Sachregister

Aus den Literaturverzeichnissen sind nur, und zwar als Gruppe, Bibliographien, Lexika und Lehrmaterial in das Sachregister aufgenommen worden.

M 44 Nagel *Hrotsvit von Gandersheim*
M 45 Lipsius *Von der Bestendigkeit. Faksimiledruck*
M 46 Hecht *Christian Reuter*
M 47 Steinmetz *Die Komödie der Aufklärung*
M 48 Stutz *Gotische Literaturdenkmäler*
M 49 Salzmann *Kurze Abhandlungen. Faksimiledruck*
M 50 Koopmann *Friedrich Schiller I: 1759–1794*
M 51 Koopmann *Friedrich Schiller II: 1794–1805*
M 52 Suppan *Volkslied*
M 53 Hain *Rätsel*
M 54 Huet *Traité de l'origine des romans. Faksimiledruck*
M 55 Röhrich *Sage*
M 56 Catholy *Fastnachtspiel*
M 57 Siegrist *Albrecht von Haller*
M 58 Durzak *Hermann Broch*
M 59 Behrmann *Einführung in die Analyse von Prosatexten*
M 60 Fehr *Jeremias Gotthelf*
M 61 Geiger *Reise eines Erdbewohners i. d. Mars. Faksimiledruck*
M 62 Pütz *Friedrich Nietzsche*
M 63 Böschenstein-Schäfer *Idylle*
M 64 Hoffmann *Altdeutsche Metrik*
M 65 Guthke *Gotthold Ephraim Lessing*
M 66 Leibfried *Fabel*
M 67 von See *Germanische Verskunst*
M 68 Kimpel *Der Roman der Aufklärung (1670–1774)*
M 69 Moritz *Andreas Hartknopf. Faksimiledruck*
M 70 Schlegel *Gespräch über die Poesie. Faksimiledruck*
M 71 Helmers *Wilhelm Raabe*
M 72 Düwel *Einführung in die Runenkunde*
M 73 Raabe *Einführung in die Quellenkunde*
M 74 Raabe *Quellenrepertorium*
M 75 Hoefert *Das Drama des Naturalismus*
M 76 Mannack *Andreas Gryphius*
M 77 Straßner *Schwank*
M 78 Schier *Saga*
M 79 Weber-Kellermann *Deutsche Volkskunde*
M 80 Kully *Johann Peter Hebel*
M 81 Jost *Literarischer Jugendstil*
M 82 Reichmann *Germanistische Lexikologie*
M 83 Haas *Essay*
M 84 Boeschenstein *Gottfried Keller*
M 85 Boerner *Tagebuch*
M 86 Sjölin *Einführung in das Friesische*

M 87 Sandkühler *Schelling*
M 88 Opitz *Jugendschriften. Faksimiledruck*
M 89 Behrmann *Einführung in die Analyse von Verstexten*
M 90 Winkler *Stefan George*
M 91 Schweikert *Jean Paul*
M 92 Hein *Ferdinand Raimund*
M 93 Barth *Literarisches Weimar. 16.–20. Jh.*
M 94 Könneker *Hans Sachs*
M 95 Sommer *Christoph Martin Wieland*
M 96 van Ingen *Philipp von Zesen*
M 97 Asmuth *Daniel Casper von Lohenstein*
M 98 Schulte-Sasse *Literarische Wertung*
M 99 Weydt *H. J. Chr. von Grimmelshausen*
M 100 Denecke *Jacob Grimm und sein Bruder Wilhelm*
M 101 Grothe *Anekdote*
M 102 Fehr *Conrad Ferdinand Meyer*
M 103 Sowinski *Lehrhafte Dichtung des Mittelalters*
M 104 Heike *Phonologie*
M 105 Prangel *Alfred Döblin*
M 106 Uecker *Germanische Heldensage*
M 107 Hoefert *Gerhart Hauptmann*
M 108 Werner *Phonemik des Deutschen*
M 109 Otto *Sprachgesellschaften des 17. Jahrh.*
M 110 Winkler *George-Kreis*
M 111 Orendel *Der Graue Rock (Faksimileausgabe)*
M 112 Schlawe *Neudeutsche Metrik*
M 113 Bender *Bodmer/Breitinger*
M 114 Jolles *Theodor Fontane*
M 115 Foltin *Franz Werfel*
M 116 Guthke *Das deutsche bürgerliche Trauerspiel*
M 117 Nägele *J. P. Jacobsen*
M 118 Schiller *Anthologie auf das Jahr 1782 (Faksimileausgabe)*
M 119 Hoffmeister *Petrarkistische Lyrik*
M 120 Soudek *Meister Eckhart*
M 121 Hocks/Schmidt *Lit. u. polit. Zeitschriften 1789–1805*
M 122 Vinçon *Theodor Storm*
M 123 Buntz *Die deutsche Alexanderdichtung des Mittelalters*
M 124 Saas *Georg Trakl*
M 126 Klopstock *Oden und Elegien (Faksimileausgabe)*
M 127 Biesterfeld *Die literarische Utopie*
M 128 Meid *Barockroman*
M 129 King *Literarische Zeitschriften 1945–1970*
M 130 Petzoldt *Bänkelsang*